すぐ作りたくなる  100レシピ

クッキングカード

肉・魚編 文化出版局

はじめに

　本書のタイトルにもなっている「クッキングカード」は、60年にわたり、美しく、豊かな暮しを提案し続けた雑誌『ミセス』にて、1968年から2021年まで続いた長寿連載です（連載開始当初は、「料理カード」という名称でした）。

　毎日のおかず作りに少しでも役立つようにと、旬の野菜を中心に、肉や魚などをバランスよく組み合わせたレシピは、手に入りやすい材料で簡潔な作り方がモットーで、「今日の晩ごはんどうしようかな?」と迷った時の頼もしい存在でした。毎号、料理写真とレシピがまるで1枚のカードのように見やすくデザインされたシンプルな誌面も、人気の理由のひとつに。

　本書はこの連載で2014年から2021年までの8年間に紹介されたレシピの中から、肉と魚をメインとした料理100点を厳選してまとめたものです。2023年6月に発行の『クッキングカード　野菜編』の第2弾となります。今回も錚々たる顔ぶ

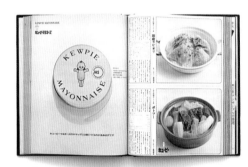

連載「料理カード」の誌面より（『ミセス』1969年1月号）。連載開始時から"キユーピー"の広告が掲載され、毎号1品ずつマヨネーズを使った料理が紹介されていたのも印象的。

れの料理研究家、料理家のかたがたが考案した家庭料理のレシピが満載されています。

　おなかを満たすだけではない料理の楽しみ、誰かのために作る喜び、一緒に食べる幸せな気持ちが詰まったこの一冊が、長くみなさまのキッチンで愛されることを願ってお届けします。

目次

この本の決り

● 小さじ1は5㎖、大さじ1は15㎖、1合は
180㎖、1カップは200㎖です。

● 野菜の洗う、皮をむくなどの通常の下ご
しらえは、省力してあります。

● 火加減は特に指定のない場合は、中火
です。

● オーブンの焼き時間や温度は機種によ
って多少異なります。レシピを目安に、様
子を見ながら調整してください。

● ページの切取り線は、切り取ってレシピ
カードとしてもお使いいただけるように入
れてあります。

5

cooking card
肉

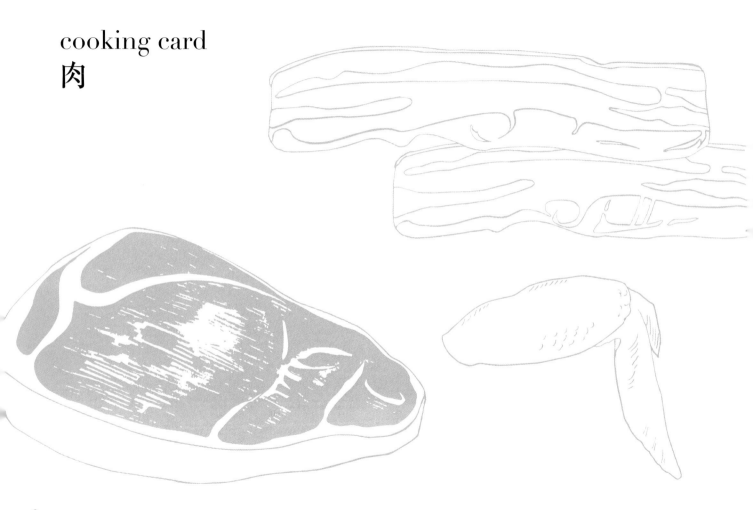

よだれ豚

よだれ鶏をこくのある豚三枚肉で。
ゆで汁の中で蒸らしてジューシーに

材料(4人前)
豚三枚肉(塊。幅が大きめのもの) 500g

合せ調味料
- 万能ねぎ(小口切り) 5本分
- にんにく(すりおろす) 適宜
- チリソース(または、豆板醤) 大さじ1
- 粉花椒(または、山椒) 小さじ½
- しょうゆ 大さじ1
- 黒酢(または、米酢) 大さじ2
- 酒 大さじ1
- 砂糖 大さじ1
- ラー油 大さじ1
- 豚肉のゆで汁 60ml

白髪ねぎ、香菜 各適宜

❶鍋に豚肉がかぶるくらいの水を入れて沸騰させ、豚肉を加えて弱火にし、ふたをして25分ほどゆでる。竹串を刺して、血水が出なければ火を止め、ゆで汁の中で15〜20分蒸らす。

❷合せ調味料の材料を混ぜておく。

❸香菜は食べやすく切る。

❹①の豚肉を約8mm厚さに切り、器に盛って、②をかけ、白髪ねぎと③の香菜を添える。

*好みで、砕いたピーナッツを散らしてもいい。

アップルジンジャー ポーク

たっぷりのソースでご飯が進む

材料(2人前)
豚ロース肉(厚切り) 2枚(塩、こしょう 各少々)
アップルジンジャーソース
┌ りんご(すりおろす) 大さじ3
│ しょうが(すりおろす) 大さじ1½
│ 酒 大さじ2
│ みそ、しょうゆ 各大さじ1
└ はちみつ 大さじ½
ブロッコリー(小房／ゆでる) 適宜
薄力粉 大さじ½
オリーブ油 大さじ1、バター 10g

❶豚ロース肉は、数か所に包丁で切込みを入れ、塩こしょうして薄力粉をまぶす。
❷ボウルにアップルジンジャーソースの材料を入れ、混ぜ合わせる。
❸フライパンを中火にかけてオリーブ油を熱し、①を両面焼く。焼き色がついたらいったん取り出し、バターと②を入れて加熱する。煮立ったら豚肉を戻し入れ、ソースが全体にからんだら火を止める。
❹③を器に盛り、ブロッコリーを添える。

豚肉と蓮根の
塩麹重ね蒸し
淡泊な味わいにゆずこしょうがよく合う

材料(2人前)
豚バラ肉(薄切り) 200g
蓮根 150g
酒 ¼カップ
塩麹 大さじ1(または、塩 小さじ½)
たれ
┌ ぽん酢 大さじ2
│ 水 大さじ2
└ ゆずこしょう 小さじ½

❶蓮根は、皮をむき、スライサーで薄く輪切りにする。水にさっとさらし、ざるに上げる。
❷豚バラ肉は10cmほどの長さに切る。
❸たれを作る。ゆずこしょうを水で溶き、ぽん酢と混ぜ合わせる。
❹鍋に蓮根と豚肉各適宜を交互に重ねる。
❺④の鍋の全体に塩麹、酒、水¼カップを回しかけ、ふたをして中火で5分蒸す。
❻⑤を器に盛り、たれをかける。

9

豚肉と切り昆布の
いため煮

ミネラル豊富な切り昆布をたっぷり加えて。
沖縄料理のクーブイリチーを手軽に

材料(4人前)
豚バラ肉(薄切り) 200g
切り昆布(生) 300g
砂糖 大さじ1
酒 大さじ2
しょうゆ 大さじ2
サラダ油 大さじ1
七味とうがらし 少々

❶豚肉は5mm幅に切る。
❷切り昆布は、洗って5cm長さに切り、さっとゆで
てざるに上げる。
❸フライパンにサラダ油、①の豚肉を入れてい
ため、色が変わったら②の切り昆布を加えてい
ため合わせる。砂糖、酒を加えてからめるように
いため、しょうゆを加えてさらにいためて、ふたをし
て弱火で15分ほど煮る。
❹器に③を盛り、七味とうがらしをふる。

アレンテージョ

マリネした豚肉のうまみを楽しみます

材料(4人前)
豚肩ロース肉(塊) 400g

マリネ液
- パプリカパウダー 大さじ1
- 白ワイン 大さじ2
- にんにく(すりおろす) 1かけ分
- 塩 小さじ1、こしょう 適宜

あさり(砂抜きしたもの) 300g
にんにく(みじん切り) 2かけ分
塩、こしょう 各適宜
香菜、イタリアンパセリ(共に粗く刻む) 各適宜
オリーブ油 大さじ2

❶豚肉は一口大に切る。

❷ファスナーつきポリ袋にマリネ液の材料を入れてよく混ぜ、①の豚肉を加えてよくもみ込んで、冷蔵庫で2～3時間マリネする。

❸あさりは、殻をこすりつけるようにしてよく洗う。

❹フライパンにオリーブ油、にんにくを入れて弱火で熱し、にんにくがこんがりと色づいたら、軽く汁気をきった②の豚肉を加えていためる。③のあさりを加えてよくいため合わせ、ふたをして中火で10分ほど蒸し煮にする。

❺仕上げに塩、こしょうで味を調え、香菜、イタリアンパセリを加えてひと混ぜする。

11

豚肉とじゃがいもの中華いため

じゃがいものでんぷんをしっかり
落とし、しゃきっと仕上げます

材料(2人前)
豚肩ロース肉(薄切り) 100g
(酒、しょうゆ、かたくり粉 各少々)
じゃがいも(メークイン) 2個
長ねぎ(粗みじん切り) 大さじ1
しょうが(粗みじん切り) 大さじ1
マヨネーズ 大さじ1
酒 大さじ1½、塩 ひとつまみ
太白ごま油 大さじ3

❶豚肉は、細切りにし、酒、しょうゆ、かたくり粉を
まぶす。
❷じゃがいもは、皮をむいて細切りにする。水でし
っかり洗い、ざるに上げて水気をきる。
❸中華鍋を中火にかけて油を熱し、①を入れ
ていためる。火が通ったら長ねぎ、しょうがを加え
て混ぜ、マヨネーズを加えていため合わせる。
❹③に②を加えていため合わせ、酒、塩で味を
調え、器に盛る。
＊じゃがいもは、でんぷんで白く濁った水が透明になる
までしっかり洗うこと。

豆乳担々麺

だしいらず。にらとミント入りの肉みそは
電子レンジで手軽に

材料(2人前)
中華麺 2玉
豚ひき肉 150g
にら(小口切り) 5本分
ミント(粗みじん切り) 3枝分
Ⓐ｛ しょうゆ 大さじ1½、きび砂糖 小さじ2
ごま油 小さじ2、豆板醤 小さじ1
かたくり粉 小さじ1
豆乳 3カップ、みそ 大さじ1½
酢 小さじ1、塩 小さじ½
好みで、ラー油 小さじ½

❶肉みそを作る。耐熱ボウルに豚ひき肉とⒶを
入れてよく混ぜ合わせ、均一に熱を通すために
ボウルの側面に広げる。真ん中ににらとミントを
入れ、ラップフィルムをふんわりかけ、電子レンジ
(600W)で5分加熱する。熱いうちに全体をよく
混ぜ合わせる。
❷鍋に豆乳と酢、塩を入れて中火にかけ、沸く
直前で火を弱め、みそを溶き入れる。
❸中華麺は、少しかためにゆでて器に盛る。②
を注ぎ、肉みそをのせ、ラー油をかけてミント(分
量外)を飾る。

豚と冬野菜の
コンソメしゃぶしゃぶ
洋のスープで豚しゃぶに

材料（2人前）
豚肉（ロースやバラ、しゃぶしゃぶ用）　200〜250g
水菜　1株
白菜　1〜2枚
ごぼう　1本
コンソメスープ（下記参照。市販の鶏の
　　スープストックでもいい）　3カップ
塩　適宜

❶水菜は4等分の長さに、白菜は食べやすい大きさに切る。ごぼうは、ささがきにし、水にさらして水気をきる。
❷鍋にコンソメスープを温め、塩で味を調える。①の野菜を入れ、沸いたら豚肉を適宜加え、しゃぶしゃぶしながらいただく。好みで、ぽん酢や赤ゆずこしょうをつけてもおいしい。
＊コンソメスープの作り方（約1ℓ分）　鍋に牛すじ肉500gと水1.5ℓを入れて強火にかける。沸いたらあくを取り、玉ねぎ½個、にんじん1本、ローリエ1枚、にんにく1かけ、塩ひとつまみ、こしょう少々を加え、コトコト沸く火加減で30〜40分、あくを取りながら煮る。ふたをしてさらに弱火で30分煮、上澄みを静かにこして完成。
＊豚肉は、「梅山豚」など脂がおいしいものがおすすめ。

豚ハムと春菊の
シーザーサラダ
マヨネーズで作るドレッシングで

材料(2〜3人前)
豚ハム(下記参照。市販のものでもいい) 150g
春菊 ½束、トレビス 2〜3枚
シーザードレッシング(下記参照) 適宜
クルトン 適宜

❶春菊は葉を食べやすい大きさにちぎる。トレビスも同様にちぎる。豚ハムは薄くスライスする。
❷ボウルに春菊、トレビス、シーザードレッシングを混ぜ合わせ、器に盛る。豚ハムをのせ、ドレッシングをかけ、クルトンを散らす。
*豚ハムの作り方(作りやすい分量)　豚塊肉(もも、肩、ロースなど)500gは、塩5g(肉の1%)、こしょう少々、オリーブ油80〜100㎖を合わせた保存袋に入れ、冷蔵庫で一晩おいてマリネする。肉を常温に戻し、ラップフィルムでしっかりと包んだ上からアルミフォイルで包み、80℃を保った湯に30〜40分入れる。切ってみて赤い汁が出なければ完成。
*シーザードレッシングの作り方(作りやすい分量)　マヨネーズ100g、アンチョビー3枚、レモン汁小さじ1、生クリーム30g、パルミジャーノ・レッジャーノ(粉)30g、にんにく½かけ、ターメリック小さじ⅓をすべてミキサーにかけてなめらかにする。

豚の香味炊込みご飯
そぼろご飯に香味野菜をたっぷりと

材料（3〜4人前）
米 2合、豚ひき肉（粗びき） 200g
Ⓐ{
しょうが（みじん切り） 大さじ1
にんにく（みじん切り） 小さじ2
玉ねぎ（粗みじん切り） 1/4個分
}
Ⓑ{
しょうゆ 大さじ1 1/2、酒 大さじ1
甜麺醤、オイスターソース 各小さじ1
塩、こしょう 各少々
}
Ⓒ{
水 360mℓ、酒 大さじ1
鶏ガラスープ（顆粒） 小さじ1、塩 小さじ1/4
}
ホワイトセロリ 1/2束、青ねぎ（小口切り） 1/2カップ
白いりごま（刻む） 大さじ2、ごま油 小さじ1

❶米は、といでざるに上げ、30分以上おく。
❷フライパンにごま油大さじ1（分量外）を熱し、
中火でⒶをいためる。豚ひき肉を加えていため、
色が変わったらⒷを加えてさらにいためる。
❸鍋に米を入れ、Ⓒを加えて混ぜる。上に②を
のせてふたをし、強火で3〜4分、弱火にして10
〜12分炊き、10分蒸らす。
❹ざく切りにしたホワイトセロリと青ねぎを③の上
にのせ、白いりごまを散らし、ごま油を回しかけ、さ
っくり混ぜて器に盛る。

ラープ
スパイシーなタイ風ひき肉のサラダ

材料(4人前)
豚ひき肉 300g
米 大さじ1、紫玉ねぎ(5〜6cm角に切る) 1/2個分
Ⓐ {
にんにく(みじん切り) 1かけ分
レモングラス(小口切り) 1本分
あれば、こぶみかんの葉(せん切り) 2枚分
}
ミントの葉 1/2パック分
赤とうがらし(種を除いて、斜め切り) 4本分
Ⓑ {
ナムプラー 大さじ1 1/2
ライム(または、レモン)のしぼり汁 大さじ2
塩 適宜
}
サラダ油 大さじ1、キャベツ 1/8個

❶米は、フライパンで色づくまでからいりし、すり
鉢でつぶしておく。
❷フライパンにサラダ油を熱し、弱火でⒶを香
りが出るまでいためる。
❸鍋に豚ひき肉と水1カップを入れ、へらでぐる
ぐると回しながら中火にかけ、豚ひき肉に火が通っ
たらざるに上げる(煮汁は大さじ2ほどとりおく)。
❹③をボウルに入れて、②、③の煮汁、Ⓑを加
えてあえ、さらに紫玉ねぎ、ミントの葉、赤とうがら
し、①の米を加えてざっくりとあえる。
❺器に④を盛り、キャベツ、あればミントとライム
(共に分量外)を添える。

17

春野菜入りポークと
チキンのミートローフ
加熱したミニトマトがソースに

材料（8×21×6cmローフ型1台分）
豚ロース肉（薄切り）300g、鶏ひき肉 200g
にんじん 80g、グリーンピース 30g、塩 少々
好みのナッツ 30g、ミニトマト（甘め）7〜14個
Ⓐ{ 新玉ねぎ（粗みじん切り）100g
  { バター 小さじ2
Ⓑ{ 卵 1個、パン粉 大さじ3強
  { 牛乳 大さじ2、白ワイン 大さじ1
  { 塩 小さじ1⅔、こしょう 少々

❶耐熱皿にⒶを入れてラップフィルムをし、電子レンジ（600W）で2分加熱し、冷ます。Ⓑを混ぜ合わせておく。
❷にんじんは7mm角に切り、5分塩ゆでして水気をきり、冷ます。続けてグリーンピースを6〜7分塩ゆでして水気をきり、冷ます。ナッツは粗くたたく。
❸豚肉はフードプロセッサーで粗めにひく。ボウルに移し、鶏ひき肉、①を加えてよく混ぜる。②を加えて混ぜ合わせ、オーブンシートを敷いた型にしっかり詰めて表面をならし、ミニトマトを半分埋め込むようにのせて、170℃に予熱したオーブンで約45分焼く。冷めてから切り分ける。

豚ヒレ肉のリコッタ添え
バルサミコ酢のソースでこくをプラス

材料（4人前）
豚ヒレ肉（2〜3cm厚さに切る） 1本分（約400g）
にんにく 1かけ、玉ねぎ ½個
リコッタチーズ 150g
パルミジャーノ・レッジャーノ（おろす） 30g
イタリアンパセリ（みじん切り） 小さじ2
白ワイン 80mℓ、バルサミコ酢 50mℓ
塩、こしょう、オリーブ油 各適宜
リーフレタス、トレビス 各適宜

❶豚肉は包丁目を入れ、塩、こしょうをすり込む。
❷にんにく、玉ねぎは、みじん切りにし、オリーブ油でいためて、冷ます。リコッタチーズは水分をきる。
❸フライパンにオリーブ油を温め、豚肉を入れて強火で焼き色をつける。返して弱火にし、白ワインを加えて沸かし、ふたをしてさっと蒸焼きにする。肉汁はそのまま残しておく。
❹ボウルに②、パルミジャーノ・レッジャーノ、イタリアンパセリを入れて混ぜ、塩、こしょうで味を調え、③の豚肉にのせる。耐熱皿にのせ、220℃に温めたオーブンで5〜6分焼く。
❺③にバルサミコ酢を加えて、煮つめる。
❻器に④、食べやすく切ったリーフレタスとトレビスを盛り合わせ、⑤のソースを添える。

19

ヴェトナム風豚しゃぶサラダ

ハーブたっぷりのヘルシーサラダ

材料(2人前)
豚ロース肉(しゃぶしゃぶ用) 100g(塩 ひとつまみ)
きゅうり ½本
赤玉ねぎ ⅛個
パクチー、ミント、ディル 各適宜
　(葉を摘み、茎は豚肉をゆでる際に使う)
ピーナッツ 少々

Ⓐ
　赤とうがらし(種を除き、みじん切り) 1〜2本分
　はちみつ 大さじ3
　レモン汁 大さじ1
　ナムプラー 小さじ1

❶豚肉は、塩とハーブの茎を加えた湯でゆでて冷水にとり、水気をきる。

❷きゅうりは、皮をむいて一口大に切る。赤玉ねぎは薄切りにする。ハーブの葉は食べやすい大きさに切る。ピーナッツは粗く刻む。

❸ボウルにⒶを混ぜ合わせる。

❹①、②をさっと混ぜて器に盛り、③を回しかける。

豚肉と春キャベツの クリーム煮

粒マスタードがアクセント

材料(2人前)
豚ロース肉(薄切り) 100g
(塩、こしょう、薄力粉 各少々)
春キャベツ 2枚
白ワイン 50mℓ
生クリーム 80mℓ
粒マスタード 大さじ½
塩、こしょう 各少々
オリーブ油 大さじ1
レモンの皮(すりおろす) 適宜

❶豚肉は、一口大に切り、塩、こしょうをふり、薄力粉をまぶす。キャベツは食べやすい大きさにちぎる。

❷フライパンにオリーブ油を熱し、中火で豚肉を焼く。表面の色が変わったらキャベツ、白ワイン、生クリームの順に加え、一煮立ちしたら粒マスタード、塩、こしょうを加えてよく混ぜ、味を調える。

❸キャベツの食感が残るぐらいで火を止め、器に盛り、レモンの皮を散らす。

21

豚肉のハーブパン粉焼き
薄くのばした豚肉を香ばしく焼いて

材料（2人前）
豚肩ロース肉（とんかつ用／筋を切り、たたいて
　一回り大きくのばす）2枚（塩、こしょう 各少々）
薄力粉 適宜、とき卵 1個分

Ⓐ {
　パン粉 ½カップ
　にんにく（みじん切り）1かけ分
　パルミジャーノ・レッジャーノ（粉）大さじ1
　乾燥ハーブミックス 小さじ1
}

Ⓑ {
　にんじん（小／5mm幅の輪切り）1本分
　砂糖 小さじ2
　エキストラバージンオリーブ油 大さじ½
　塩、こしょう 各少々
}

オリーブ油 大さじ3
レモン、イタリアンパセリ 各適宜

❶豚肉は両面に塩こしょうし、薄力粉をふり、とき
卵にくぐらせ、混ぜ合わせたⒶを全体にまぶし、
手でしっかり押さえてなじませる。
❷フライパンにオリーブ油を熱し、①を中火で4～
5分焼く。焼き色がついたら裏返し、3～4分焼く。
❸にんじんは鍋に入れ、ひたひたの水、Ⓑの残
りの材料を加え、落しぶたをして弱火で約15分
煮る。にんじんがやわらかくなったら強火にして
汁を煮つめる。
❹器に②、③を盛り、くし形に切ったレモンを添
え、イタリアンパセリをあしらう。

メンチカツ

マッシュルームのうまみを加えて

材料(4個分)
合いびき肉 300g
Ⓐ { とき卵 1/2個分、塩 小さじ1/2
     { こしょう、ナツメッグ 各少々
玉ねぎ(みじん切り) 1/2個分
マッシュルーム(細かいみじん切り) 3個分
小麦粉、生パン粉 各適宜
卵液(材料を混ぜ合わせておく)──とき卵 1/2個
　分、水 大さじ1、小麦粉 大さじ2
サラダ油 適宜
揚げ油
キャベツ(せん切り) 適宜
ソース { とんかつソース 大さじ2
　　　{ トマトケチャップ 大さじ1
　　　{ マスタード 小さじ1

❶玉ねぎとマッシュルームはそれぞれサラダ油でし
っとりするまでいため、バットに広げて冷ましておく。
❷ボウルに合いびき肉を入れ、Ⓐと①を加えて
練り混ぜる。4等分にして丸め、空気を抜きなが
ら形を整える。小麦粉を全体に薄くまぶし、卵液、
生パン粉を順につけ、少し押さえてなじませる。
170℃の油でゆっくりときつね色になるまで揚げる。
❸器に②とキャベツを盛り、混ぜたソースをかける。

23

黒こしょうとレモン風味の煮込みチキン

ジューシーな鶏手羽元を使って

材料（4人前）
鶏手羽元　8本
Ⓐ { コリアンダーシード（パウダー）　小さじ1
ターメリックパウダー　小さじ½
塩　小さじ½、レモン汁　1個分 }
粗びき黒こしょう　小さじ2
Ⓑ { 玉ねぎ（大／みじん切り）　1個分
にんにく、しょうが（共にすりおろす）　各1かけ分 }
サラダ油　大さじ1
ご飯、ケイパー（酢漬け）　各適宜

❶ボウルに鶏手羽元とⒶを入れ、混ぜながらからめ、15分ほどおく。

❷鍋に黒こしょうを入れて、弱火でからいりする。香りが立ったらサラダ油を加え、Ⓑを加えて中火でいためる。玉ねぎがしんなりしてクリーム色になったら、①を調味料ごと加え、水2½カップを注いで、ふたはせずに中火で煮る。水分がほとんどなくなり、玉ねぎがとろっとするまで、時々かき混ぜながら25〜30分煮込む。

❸器に②とご飯を盛り合わせ、ケイパーを添える。

照焼きチキン

香ばしく焼いた鶏手羽中を甘辛味で。
チリ風味のマヨネーズがアクセントに

材料（4人前）
鶏手羽中（半割り）24本
紹興酒　大さじ3
ブラウンシュガー　小さじ2
しょうゆ　大さじ1
白いりごま　大さじ1
チリマヨネーズ
　｛マヨネーズ　適宜
　｛チリペッパー　少々
クレソン　適宜

❶温めたフライパンに鶏手羽中を並べ入れ、中火にかける。両面にこんがりと焼き目をつけながら火を通し、出てきた脂はペーパータオルで吸い取る。
❷①に紹興酒、ブラウンシュガー、しょうゆを加え、フライパンを揺すって水分を飛ばしながら全体にからめる。火を止めて、ごまを散らしてからませる。
❸器に②を盛り、よく混ぜ合わせたチリマヨネーズと、クレソンを添える。

鶏肉のハンバーグ パセリソース

ソースは風味よく、うまみたっぷり

材料（4人前）
鶏ひき肉　約400g
玉ねぎ（みじん切り）　⅓個分
Ⓐ { 卵　1個
　　薄力粉　大さじ2
　　塩　少々
パセリソース
{ パセリ（みじん切り）　大1本分
　生クリーム　約1カップ
　レモン汁　小さじ½
　マヨネーズ　小さじ1、無塩バター　10g
植物油　適宜

❶ボウルに鶏肉、玉ねぎ、Ⓐを入れ、粘りが出るまで練り合わせ、12等分して丸める。
❷フライパンに油を温め、①を並べ入れる。中火で片面をしっかり焼いたら上下を返し、ふたをして3〜4分蒸焼きにし、ふたを取って水気を飛ばしたら、バットに移してアルミフォイルをかぶせる。
❸②のフライパンにパセリ以外のソースの材料を入れ、弱火にかけてへらで混ぜながら少し煮る。最後にパセリを加えてさっと混ぜ、火を止める。
❹器にソースを敷き、ハンバーグをのせる。

鶏肉のレモンクリーム煮
ひき肉は塊を残すように、粗くほぐすこと

材料（2〜3人前）
鶏ひき肉（もも） 200g、玉ねぎ ½個
マッシュルーム 6個、スナップえんどう 6個（塩 少々）

Ⓐ {
白ワイン ¼カップ、砂糖 小さじ½
鶏ガラスープ（顆粒） 小さじ½、水 ½カップ
エルブ・ド・プロヴァンス 小さじ½、ローリエ 1枚
}

Ⓑ {
バター 大さじ1、小麦粉 小さじ1½
（バターをやわらかくし小麦粉と混ぜておく）
}

生クリーム ½カップ、レモン汁 小さじ2
塩 小さじ½、こしょう 少々
オリーブ油 大さじ1

❶玉ねぎは7mm、マッシュルームは5mm厚さに切る。スナップえんどうは塩ゆでし、斜め半分に切る。
❷フライパンにオリーブ油を熱し、中火で玉ねぎをいためる。油がなじんだら鶏肉を加え、粗くほぐしながらいためる。肉の色が変わったらマッシュルーム、塩、こしょうを加えていため合わせる。
❸②にⒶを加え、煮立ったらふたをして弱火で5分煮る。ふたを取り、生クリームとスナップえんどうを加え、中火で煮汁が⅔量になるまで煮つめ、Ⓑを加えてとろみがつくまで煮る。レモン汁を加えて器に盛り、バゲット（分量外）を添える。

鶏だんごともやしの鍋
芝麻醬風味のたれをつけて

材料（4人前）
Ⓐ {
鶏ひき肉　250g
しょうが（すりおろす）　小さじ1、塩　小さじ½
卵　1個
}
かたくり粉　大さじ1
豆もやし　200g
煮汁 {
昆布（だし用。5cm角）　2枚
花椒（粒）　小さじ1強
にんにく（薄切り）　1かけ分
しょうが（薄切り）　5枚
}
たれ {
しょうゆ　大さじ2
米酢、芝麻醬　各大さじ1
砂糖　小さじ½、ラー油　小さじ2
にんにく（すりおろす）　少々
}

❶煮汁を作る。鍋に水4カップと昆布を入れて
30分ほどおく。花椒、にんにく、しょうがを加えて弱
火にかけ、煮立ったら、さらに5分ほど煮出す。
❷ボウルにⒶを入れて粘りが出るまで混ぜ、かた
くり粉を加えてさらによく混ぜる。
❸昆布を除いた①の煮汁に豆もやしを加えて中
火で温め、火が通ったら、②の肉だねを直径約
2cmのだんごにまとめて煮汁に入れ、火を通す。
❹たれの材料をなめらかになるまで混ぜ合わせる。
❺③に④のたれを添えていただく。

鶏つくねと春野菜スープ

つくねにしっかり味をつけ、スープは薄めに

材料(3人前)
鶏ひき肉(もも) 200g

Ⓐ
塩 小さじ½、こしょう 少々
酒 大さじ1、ごま油 小さじ1½

Ⓑ
長ねぎ(みじん切り) 大さじ3
しょうが(みじん切り) 小さじ2
かたくり粉 小さじ1

新玉ねぎ ½個、菜の花 6本
だし 3カップ、酒 大さじ1、塩 小さじ½
太白ごま油 大さじ1

❶鶏ひき肉にⒶを加えてよく混ぜ、水大さじ2を半量ずつ加えてなじませる。Ⓑを加えて混ぜ、9等分する。

❷フライパンを中火にかけて太白ごま油を熱し、①をスプーンで入れて表面を押して厚みをならし、焼き色がついたら裏返してふたをし、2〜3分焼く。

❸新玉ねぎは1cm厚さに切る。菜の花は根もとを切り落としてさっとゆで、冷水にとり、水気を絞って3cm長さに切る。

❹鍋にだしを煮立て、②、③を加えて一煮立ちさせ、酒、塩で味を調えて器に盛る。

ヴェトナムの
チキンカレー
ココナッツミルク風味のマイルドな味わい

材料（4人前）
鶏もも肉（一口大に切る）　250g（約1枚分）
Ⓐ——カレー粉　大さじ1、塩　小さじ½
さつまいも　1本、玉ねぎ　½個
Ⓑ｛にんにく（みじん切り）　1かけ分
　　玉ねぎ（みじん切り）　¼個分（50g）
　　レモングラス（みじん切り）　1本分
Ⓒ｛ココナッツミルク（缶詰め）　1缶（400g）
　　カレー粉　大さじ1、ローリエ　3枚
ヌクマム　大さじ3½、砂糖、サラダ油　各大さじ1
バゲット　適宜、塩、粗びき黒こしょう　各少々
ライム（くし形に切ったもの）　4個、香菜の葉　適宜

❶鶏肉は、Ⓐをもみ込んで15分ほどおく。
❷さつまいもは、皮をむいて、一口大の乱切りにし、水にさらして、ペーパータオルで水気をふき取る。玉ねぎは2cm幅のくし形に切る。
❸鍋にサラダ油、Ⓑを入れていため、香りが出たら①の鶏肉を加える。鶏肉の色が変わったらⒸと水2カップを加え、中火で15分ほど煮込む。さらにさつまいもを加え、さつまいもがやわらかくなったら玉ねぎ、ヌクマム、砂糖を加えてさっと煮る。
❹器に③を盛って香菜をのせ、バゲット、合わせた塩と黒こしょう、ライムを添える。

鶏肉とバジルの
いため物

オイスターソースとヌクマムの風味で
味わう、バジルたっぷりのタイ風おかず

材料（4人前）
鶏もも肉　300g
玉ねぎ　½個
ピーマン（緑、赤）　各2個
スイートバジルの葉　30g
Ⓐ { にんにく（みじん切り）　½かけ分
　 { 赤とうがらし（種を除いて、みじん切り）　½本分
Ⓑ { オイスターソース　大さじ1½
　 { ヌクマム（または、ナムプラー）　大さじ1
　 { 砂糖　小さじ1
サラダ油　大さじ1

❶鶏肉は2cm角に切る。
❷玉ねぎは2cm幅のくし形に切る。ピーマンは縦2
cm幅に切り、さらに菱形になるよう斜め切りにする。
❸フライパンにサラダ油を熱し、Ⓐをいためる。
香りが出たら鶏肉を加えていため、水大さじ3〜
4を加えて中まで火を通す。
❹③に玉ねぎ、ピーマンを加えていため合わ
せ、Ⓑを加えて調味し、バジルの葉を加えてさっ
と混ぜ合わせる。

鶏ささ身とメークイン、あさつき、ディルのサラダ

鶏ささ身とメークインの食感が絶妙

材料(4人前)
鶏ささ身(筋なし) 3本(150g)
じゃがいも(メークイン／せん切り) 300g
あさつき(2～3cm長さに切る) 5本分
ディル(葉を摘む) 4枝分
しょうゆ 小さじ2、にんにく(すりおろす) 少々
エキストラバージンオリーブ油 大さじ2
オリーブ油 適宜

❶温めたフライパンにオリーブ油を薄くひき、鶏ささ身を並べて弱めの中火でふたをして焼く。両面にこんがり焼き目がつき、中まで火が通ったら取り出し、そのまま冷まして小さめにさく。

❷じゃがいもは鍋に入れ、水をかぶるほど注いで、強火にかける。煮立ったら表面が軽く煮立つ程度の火加減に弱め、2分ほどゆでて火を通す。流水にとって冷まし、ざるに上げて水気をペーパータオルで吸い取る。

❸ボウルにエキストラバージンオリーブ油、しょうゆ、にんにくを入れて混ぜ合わせ、①、②、あさつき、ディルを加えてあえる。味をみて足りなければ塩(分量外)を加えて調える。

かぼちゃの肉詰め
オーブン焼き

ほくほくのかぼちゃとジューシーなひき肉

材料(4人前)
鶏ひき肉　250g
かぼちゃ　½個(約800g)
(小麦粉　少々)
玉ねぎ　½個
卵　1個
パセリ(みじん切り)　大さじ3
塩　小さじ½、こしょう　少々
バター　大さじ½
オリーブ油　適宜

❶かぼちゃは、皮つきのまま洗い、スプーンで種を除く。

❷玉ねぎは、みじん切りにし、バターでしんなりするまでいためて(耐熱の器に入れて、600Wの電子レンジで1分ほど加熱してもいい)、冷ます。

❸ボウルにひき肉、❷、卵、パセリ、塩、こしょうを入れ、手でよく混ぜ合わせる。

❹①のかぼちゃの内側に小麦粉を薄くふり、③を詰めて、表面を平らにする。かぼちゃの皮にはけでオリーブ油をぬり、180℃に熱したオーブンで50分ほど焼く。

鶏肉の赤ワイン煮
（コック・オ・ヴァン）
ブルゴーニュの伝統料理を家庭的に

材料（2人前）
鶏もも肉　2枚（塩、こしょう、小麦粉　各少々）
玉ねぎ　1/4個
にんじん、セロリ　各1/8本
トマトの水煮（缶）　1/2カップ
赤ワイン　1カップ
ローリエ　1枚、タイム　1枝
塩　小さじ1、こしょう　少々、砂糖　大さじ1/2
オリーブ油、バター　各大さじ1
フランスパン　適宜

❶鶏肉は、4等分に切り、塩、こしょう、小麦粉をまぶす。野菜はすべて1cm角に切る。
❷鍋にオリーブ油とバターを入れて熱し、鶏肉の両面を中火で焼き色がつくまで焼いて取り出す。野菜を加え、軽く色づくまで中火でいためる。
❸②にトマトの水煮、赤ワイン、水1 1/2カップ、ローリエ、タイムを加え、沸騰したら鶏肉を戻し入れ、中火でとろみがつくまで煮て、塩、こしょう、砂糖を加えて味を調える。
❹③を器に盛り、トーストしたパンを添える。

鶏と野菜のクスクス

肉と野菜をソテーしたうまみと香りを
クスクスに吸わせるイメージで

材料(2人前)
鶏胸肉 ½枚
クスクス 100g(塩 ひとつまみ)
いんげん 4本
ズッキーニ(縦半分に切る) ½本分
パプリカ(赤、黄) 各¼個
ドライトマト(オイル漬け) 4個
イタリアンパセリ(みじん切り) 少々
パルミジャーノ・レッジャーノ(粉) 大さじ1
ガラム・マサラ 小さじ1
オリーブ油 大さじ1

❶ボウルにクスクスと塩、熱湯110mℓを入れて
ふたをし、5分蒸らしてやわらかくする。

❷深いフライパンか鍋にオリーブ油を熱し、鶏
肉、いんげん、ズッキーニ、パプリカを並べ、焼き
色がつくよう上下を返しながら中火でじっくり焼
き、火から下ろす。

❸②の具をそれぞれ食べやすい大きさに切って
フライパンに戻し、①、一口大に切ったドライトマ
ト、イタリアンパセリ、パルミジャーノ、ガラム・マサ
ラを加えて全体を混ぜ合わせる。

新玉ねぎの
ひき肉梅いため
シンプルで、ご飯が進むヘルシーおかず

材料（2人前）
新玉ねぎ 2個
鶏ひき肉 150g
梅干し（塩分8〜10%のもの） 1個
酢 小さじ2
しょうゆ 約小さじ1
植物油 小さじ1

❶ 玉ねぎは薄いくし形に切る。
❷ 梅干しは手で3〜4切れにちぎる。種はとりおく。
❸ フライパンに植物油をひいて玉ねぎを入れ、中火にかけていためる。玉ねぎがしんなりしてきたら、ひき肉、酢、梅干しと種を加え、梅をつぶしながらさらにいため合わせる。ひき肉に火が通ったらしょうゆを回しかけて味を調え、種を除き、器に盛る。
＊梅の味により、しょうゆの量を加減すること。

鶏肉とかぶのポトフ
焼きつけたり、すりおろしたり、かぶを堪能

材料（4人前）
鶏ぶつ切り肉　400g
鶏手羽先　3〜4本（200〜300g）
かぶ（中）　6個
グリーンピース（3分ほど塩ゆで）　正味100g
しょうが（大／薄切り）　1かけ分
塩、オリーブ油　各適宜
黒こしょう、すだち、だいだいなど　各適宜

❶鶏肉は、塩小さじ1を全体にまぶしてよくもみ込み、30分〜1時間おく。
❷かぶは、よく洗い、半量は皮ごと縦半分に切り、残りは皮ごとすりおろす。
❸鍋にオリーブ油大さじ1を熱し、鶏肉を全体に薄く焼き色がつくまで焼き、取り出す。鍋の脂が多ければふき取り、オリーブ油少々を足して②の半分に切ったかぶを焼きつけ、取り出す。
❹③の鶏肉を鍋に戻し、しょうが、水5カップを加え、ふたをして弱火で30〜40分煮る。③のかぶを戻し、かぶがやわらかくなるまでさらに数分煮る。最後に②のすりおろしたかぶ、グリーンピースを加えてさっと煮立て、塩で調味する。
❺器に盛り、好みで黒こしょうをふり、すだちやだいだいをしぼっていただく。

鶏もも肉と春野菜の
ワイン蒸し
フライパン一つでできるメインディッシュ

材料（2人前）
鶏もも肉　2枚（塩　小さじ½、こしょう　少々）
にんにく　1かけ、にんじん　6cm
かぶ　1〜2個、つぼみ菜　2個
マッシュルーム　2〜4個、白ワイン　大さじ3
Ⓐ { 鶏ガラスープ（顆粒）　小さじ¼
　　 塩　小さじ⅔、こしょう　少々
バター　小さじ2、オリーブ油　大さじ1

❶鶏もも肉は、1枚を2等分し、両面に塩、こしょう
をふって20分以上おく。
❷にんにくは薄切り、にんじんは1cm厚さの輪切
り、かぶは6等分のくし形に切る。つぼみ菜とマッ
シュルームは、縦に2等分する。
❸フライパンを弱火にかけてオリーブ油を熱し、
鶏肉の皮目からきつね色に焼く。裏返し、②を空
いた場所において塩少々（分量外）をふり、途
中で肉を返しながら5分ほど焼く。白ワインを加
え、ふたをして2〜3分蒸し焼きにし、器に盛る。
❹③のフライパンに水⅓カップとⒶを加えて煮
立て、フライパンに残ったうまみを溶かす。仕上
げにバターを加えて混ぜ、③にかける。

しっとり鶏胸肉の にらしょうゆ

鶏肉は余熱でゆっくり火を入れて

材料（2人前）
鶏胸肉　1枚（250〜300g）
にら　½束（約60g）

Ⓐ ｛ ねぎの青い部分　5cm
しょうが（薄切り）　3枚
酒　大さじ2、水　3カップ

Ⓑ ｛ しょうが（みじん切り）　大さじ1
いりごま（粗ずり）　大さじ1
しょうゆ　大さじ1、酢　小さじ1
ごま油　小さじ1

❶鶏胸肉は、ポリ袋に入れて塩小さじ1（分量外）をまぶし、常温にしばらくおく。

❷厚手の鍋にⒶを合わせて煮立て、鶏肉を入れて表面が白くなるまで約10秒ゆでる。火を止めてふたをし、30分おいてから鶏肉を取り出してラップフィルムで包む。ゆで汁が冷めたらラップフィルムを外して鶏肉を戻し、使うまでつけておく。

❸にらは、2〜3mm幅に切り、Ⓑと合わせる。

❹鶏肉を5mm厚さのそぎ切りにして器に盛り、❸をかける。

＊ゆで汁はおいしいスープになる。

鶏ひき肉の
タイ風いため
ナムプラー風味のドレッシングをからめて

材料(4人前)
鶏もも肉(ひいたもの) 500g

Ⓐ
- 紫玉ねぎ(みじん切り) ½個分
- しょうが(みじん切り) 1かけ分
- 香菜(粗く刻む) 1束分
- ミントの葉(粗く刻む) 適宜
- あれば、青とうがらし(種を除いて、小口切り) 適宜

米 大さじ2

ドレッシング
- ナムプラー 大さじ2
- レモン汁 大さじ2
- 砂糖 大さじ1
- 一味とうがらし 少々
- 塩 少々

❶米は、フライパンでからいりし、すり鉢であたる。
❷熱したフライパンに鶏肉を入れていため(油はひかない)、ぱらりとほぐれて火が通ったら、汁気をきってボウルに移す。
❸②にⒶ、①、ドレッシングの材料を加えて全体をあえる。
＊青とうがらしを加えない場合、一味とうがらしで辛さを調整する。
＊キャベツやきゅうりなどを添えても。

鶏のグリル
香味だれがけ
甘酸っぱいたれが味の決め手

材料(4人前)
鶏もも肉　2枚
(塩、こしょう　各適宜)
赤ピーマン　2個
香味だれ {
しょうが(みじん切り)　1かけ分
にんにく(みじん切り)　1かけ分
しょうゆ　大さじ3
砂糖　小さじ1
酢、ごま油　各大さじ1
}
クレソン　1束

❶鶏肉は、余分な脂を取り除き、火が均一に通るように切れ目を入れ、塩、こしょうをふる。

❷赤ピーマンは、へたと種を除き、縦4等分に切る。

❸魚焼きグリル(または、フライパン)に①を入れ、弱火で10〜13分、両面をこんがりと焼きながら中までしっかりと火を通す。途中で②の赤ピーマンを加え、一緒に香ばしく焼く。

❹香味だれの材料をよく混ぜ合わせておく。

❺クレソンは半分の長さに切る。

❻器に食べやすく切った③の鶏肉と赤ピーマン、クレソンを盛り合わせ、④を回しかける。

鶏胸肉のポッシェ
酢みそあえ

さっと湯通しした鶏胸肉を
白みそベースの酢みそで味わいます

材料(4人前)
鶏胸肉 1枚(300g)
(塩 2.4g。鶏肉の重量の0.8%)

酢みそ
- 白みそ 50g
- みりん 50g
- 酢 10g
- 砂糖 20g
- 和がらし 8g
- パセリ(みじん切り) 適宜
- 黒こしょう 適宜
- エキストラバージンオリーブ油 50g

赤水菜 適宜

❶鶏肉は、皮を除いて塩をふり、薄切りにする。
沸騰した湯にさっとくぐらせて、ざるにとって水気
をきる。
❷酢みその材料をよく混ぜ合わせ、①の鶏肉と
あえる。
❸器に②を盛り、ちぎった赤水菜を添える。

鶏つくね　黄身添え

甘辛いたれをからめながら焼きつけます。
卵黄をとろりとつけてどうぞ

材料(4人前)
鶏もも肉(ひいたもの)　500g
長ねぎ　½本
しょうが　1かけ
酒　大さじ1
塩、こしょう　各適宜
煮 ┌ しょうゆ、酒　各大さじ1
汁 └ みりん、砂糖　各大さじ1
サラダ油　適宜
卵黄　適宜
あれば、サラダ菜　適宜

❶長ねぎ、しょうがは、みじん切りにする。
❷ボウルに鶏肉、①、酒、塩、こしょうを入れ、よく
混ぜ合わせて、一口大に丸める。
❸煮汁の材料をよく混ぜ合わせておく。
❹フライパンにサラダ油を熱し、中火で②を両
面こんがりと焼く。さらに③を回しかけてふたを
し、弱火で煮て、最後に汁気を飛ばすように煮
つめ、鶏つくねにからめる。
❺器に④とサラダ菜を盛り、卵黄を添える。

牛肉カレー

牛肉と玉ねぎだけのシンプルな味わい。
玉ねぎの食感を残すのがポイントです

材料(2人前)
牛こま切れ肉 200g
玉ねぎ(中) 1個
カレー粉 大さじ2
鶏のスープストック(または、水) 350〜400mℓ
塩 少々
かたくり粉 大さじ2(同量の水で溶く)
サラダ油 大さじ4
温かいご飯 適宜

❶牛肉は1cm幅に切る。玉ねぎは、半分に切り、
繊維に垂直に8mm幅に切る。
❷鍋にサラダ油大さじ2を熱し、①の玉ねぎを
入れて強火でさっといためる。玉ねぎが透明に
なったら牛肉を加えていため合わせ、肉に火が
通ったらカレー粉と残りの油を加え、カレー粉を
全体にからめながらしっかりいためる。
❸②に鶏のスープストックを加え、沸騰したら中
火にし、5分ほど煮る。塩で味を調え、水溶きかた
くり粉を加えてとろみをつける。
❹器にご飯を盛り、③をかける。

牛肉と玉ねぎの餃子
牛肉を使ったハンバーグのような餃子

材料（20個分）
餃子の皮（大判） 20枚
牛ひき肉 200g
玉ねぎ（粗みじん切り） ½個分
Ⓐ
しょうがのしぼり汁 大さじ3
塩 ふたつまみ
日本酒 大さじ1
中国しょうゆ（または、濃口しょうゆ） 大さじ1
香菜、黒酢 各適宜
サラダ油 適宜

❶ボウルに牛肉、玉ねぎ、Ⓐを入れて、よく混ぜ
合わせる。
❷①を餃子の皮で包む。
❸フライパンにサラダ油を熱し、②を並べ入れ
て中火で焼く。底にうっすら焼き色がついたら湯
¾カップを加えてふたをし、弱めの中火にして3
分ほど蒸焼きにする。ふたを取って水分を飛ば
し、底がぱりっとするよう焼き上げる。
❹器に盛り、香菜を添える。黒酢につけていただく。
＊餃子のあんを皮で包み、一時的にバットに置いてお
く際、バットにあらかじめ小麦粉とかたくり粉を合わせた
ものを薄くふっておくと、焼く時に焦げつきにくい。

牛肉のトマト煮込み
ホールトマトを油でいため深い味わいに

材料（4人前）
牛肩肉（シチュー用／大きめの一口大に切る）600g
ホールトマト缶（種を除く）2缶（800g）
白ワイン　1カップ
ローリエ　2枚
にんじん（一口大に切る）2本分
グリーンピース（ゆでたもの）40g
じゃがいも（皮をむき、2cm角に切る）2個分
砂糖　小さじ1、塩　適宜
オリーブ油　大さじ6、揚げ油

❶フライパンにオリーブ油大さじ3を入れ、牛肉を強火で焼き色がつくように焼く。軽く塩をふって、白ワインを注ぎ、沸騰するまで触らないで待ち、深鍋に移す。ぬるま湯4カップ、ローリエを加え、弱火で1時間30分ほど煮込む。牛肉がやわらかくなったら、にんじんを加えて15分ほど煮る。

❷別の平鍋に残りのオリーブ油を入れ、ホールトマトを汁ごと加えて中火でいためる。さらに中火強にして約半量になるまで煮つめたら、砂糖を加えて①の鍋に移し、弱火で20分ほど煮て塩で味を調え、グリーンピースを加える。

❸じゃがいもを素揚げする。

❹器に②を盛り、③のじゃがいもを飾る。

牛肉のソテー
ブルーチーズのソース

にんにくをきかせたソースを添えて

材料(4人前)
牛もも肉(ステーキ用) 4枚(1枚150g)
ブルーチーズ(バルデオン、またはゴルゴンゾーラ
　　など) 80g
にんにく(みじん切り) 2かけ分
白ワイン 大さじ4
生クリーム 大さじ4
オリーブ油 大さじ5、塩 適宜
付合せ──さやいんげん、パプリカ 各適宜
飾り用のタイム 適宜

❶ブルーチーズのソースを作る。オリーブ油大さ
じ2をフライパンに入れ、にんにくを色づかせるよう
にいためる。香りが出たら白ワインを加え、アルコ
ール分が飛ぶのを待ってブルーチーズを割り入
れる。チーズが少しずつとけはじめたら生クリーム
を加え、よく混ぜてなめらかなソース状にする。
❷食べやすく切ったさやいんげん、パプリカを、
オリーブ油大さじ2でいため焼きにする。
❸フライパンにオリーブ油大さじ1を熱し、牛肉
を好みの焼き加減に焼き、軽く塩をふる。
❹器に③を盛り、②とタイムを添えて、牛肉に①
のソースをかける。

牛ステーキの
薬味ソース添え

ジューシーな牛肉のうまみを引き立てる
しょうゆ風味の薬味ソースが味の決め手

材料(4人前)
牛肉(ステーキ用) 2枚(150g)
長芋(皮つきのまま1cm厚さの輪切り) 4枚
太白ごま油 大さじ1
ベビーリーフ 1袋

薬味ソース	長ねぎ(みじん切り) 大さじ3
	しょうが(みじん切り) 大さじ2
	にんにく(みじん切り) 1かけ分(約15g)
	しょうゆ 大さじ4
	砂糖 大さじ2
	ごま油 大さじ1

❶薬味ソースの材料をよく混ぜ合わせておく。
❷フライパンに太白ごま油を熱し、長芋の両面
を軽く焼いて取り出す。続けて、牛肉の両面を焼
き、しっかりと焼き色をつける。牛肉の表面の汁
気をペーパータオルでふき取り、1.5cm幅の棒
状に切る。
❸器に②の牛肉と長芋、ベビーリーフを盛り合
わせ、①を添える。

牛肉のだんご鍋
牛肉の食感とうまみを楽しみます

材料(4人前)

A
- 牛肉(切落し／細かく切ってたたく) 300g
- しょうが(みじん切り) 小さじ2
- 紹興酒、かたくり粉 各大さじ2
- こしょう、ごま油 各小さじ⅓
- ディル(みじん切り) 1パック分(約10g)
- チキンスープのもと(顆粒) 小さじ2

生きくらげ 1パック(125g)、にんじん 200g
長芋 10cm(250g)、ごぼう 1本(160g)
ほうれん草(ゆでる) 1束(350g)

B
- 長ねぎ(5mm幅の斜め切り) 1本分
- しょうが(薄切り) 40g

C
- 水 4〜5カップ、紹興酒 大さじ3
- チキンスープのもと(顆粒) 大さじ2½

くこの実(水でもどす)、ディル(ちぎる) 各少々

❶Aをよく混ぜ合わせて8等分にし、丸める。
❷生きくらげは一口大に切る。にんじんは皮つきのまま食べやすい大きさの薄切りに、長芋は皮つきのまま約8mm厚さの輪切りに、ごぼうは皮つきのまま約8mm厚さの斜め切りにする。ほうれん草は根を切り落とし、食べやすい長さに切る。
❸土鍋に①、②(長芋、ほうれん草を除く)、Bを入れ、Cを注いでふたをし、中火で約20分、やわらかくなるまで煮る。長芋、ほうれん草を加えて火を止め、くこの実とディルをのせる。

牛ステーキの
カルパッチョ風

牛肉は表面をソテーしてから余熱で火を
通し、ジューシーな味わいに仕上げます

材料(4人前)
牛もも肉(ステーキ用。ランプ、イチボなど) 250g
(粗塩 小さじ½、こしょう 少々)
クレソン(水に放してぱりっとさせる) 1束分
青ねぎ(小口切り) 適宜
ぽん酢しょうゆ(下記参照) 大さじ1〜1½
エキストラバージンオリーブ油 大さじ1
サラダ油 小さじ2

❶牛肉は、室温に戻し、塩、こしょうをしっかりとふる。
❷クレソンの水気をきる。根もとのかたい部分を
切り落とし、長さを半分に切る。
❸フライパンにサラダ油を熱し、①を弱めの中火
で焼く。両面をこんがりと焼いたら、アルミフォイル
に包んで5分ほど休ませる。
❹器に、薄切りにした③を並べ、ぽん酢しょうゆ、
エキストラバージンオリーブ油をかけ、青ねぎを
散らして、クレソンを添える。
*ぽん酢しょうゆの作り方 柑橘のしぼり汁(かぼす、
すだちなど)、米酢、しょうゆを1対1対2の割合で合わ
せ、みりん、だし汁などを好みで適宜加え混ぜる。

肉豆腐

牛肉を酒やしょうゆ、実山椒で煮てから
だしでのばします

材料(4人前)
牛肉(ロース、肩ロース薄切り、切落しなど) 200g
絹豆腐 2丁
酒、みりん 各大さじ2
うす口しょうゆ、しょうゆ 各大さじ2
実山椒(塩漬け) 小さじ1
だし汁 3カップ
塩 小さじ½
砂糖 小さじ1
長ねぎ(小口切り) ½本分

❶牛肉は、食べやすい大きさに切り、70℃の湯で
ピンク色になるまで加熱し、水気をきる。
❷豆腐はそれぞれ8等分に切る。
❸鍋に酒を煮立たせ、みりん、うす口しょうゆ、しょ
うゆ、①、実山椒を加えて2〜3分煮る。だし汁を
加えて、煮立ったら②を加え、再び煮立ったら
味をみて、足りなければ塩、砂糖で味を調える。
❹器に③を盛り、長ねぎを天盛りにする。

ひき肉とじゃがいもの
しゃきしゃきいため

じゃがいもの歯触りを残していためます。
ピーマンの彩りを添えて

材料(4人前)
牛ひき肉　200g
じゃがいも　3個
ピーマン　2個
赤ピーマン　1個
にんにく(みじん切り)　1かけ分
しょうが(みじん切り)　1かけ分
酒　大さじ2、しょうゆ　大さじ1
ウスターソース　小さじ$\frac{1}{2}$
塩　小さじ$\frac{2}{3}$、こしょう　少々
サラダ油　大さじ2

❶じゃがいもは、せん切りにし、たっぷりの水にさ
らす。ピーマン、赤ピーマンはせん切りにする。
❷フライパンにサラダ油を熱し、弱火でにんにく
としょうがをいためる。香りが出てきたら牛ひき肉
を加え、強火でぱらりとほぐれるまでいためる。ピー
マンと赤ピーマン、水気をきったじゃがいもを
加えていため合わせ、酒、塩、こしょう、しょうゆ、ウ
スターソースを加えて味を調える。

チリコンカルネ風 ドライカレー

風味豊かなスパイスをきかせて

材料（4人前）
牛ひき肉　300g
キドニービーンズ（赤いんげん豆）　250g
玉ねぎ（みじん切り）　1個分
ピーマン（みじん切り）　2個分
にんにく（みじん切り）　1かけ分
Ⓐ {
　チリパウダー、クミンパウダー　各小さじ1
　カレー粉　大さじ1
　カイエンペッパー　小さじ⅓
　黒こしょう　少々
}
トマトピューレー　1カップ、塩　小さじ1
サラダ油　大さじ1
ご飯　適宜
目玉焼き　4個分、イタリアンパセリ　適宜

❶鍋にサラダ油を熱し、にんにくと玉ねぎをいた
め、しんなりしたらピーマンを加えていため合わ
せて、牛ひき肉を加える。牛ひき肉がぱらりとほぐ
れたら、Ⓐを加えていためながら香りを出し、キド
ニービーンズ、トマトピューレー、水½カップを加
えて中火弱で15分ほど煮る。塩で味を調える。
❷器にご飯と①を盛り合わせ、目玉焼きをのせ
て、イタリアンパセリを添える。

つゆだく牛丼
新玉ねぎたっぷりのやさしい味わい

材料（2〜3人前）
牛肉（薄切り、切落し）　200g
新玉ねぎ　1個（約200g）
しょうが（せん切り）　大さじ1
実山椒（塩漬け）　大さじ1
煮汁
{　みりん、酒　各大さじ2½
{　うす口しょうゆ、しょうゆ　各大さじ1
{　砂糖　小さじ1
温かいご飯　2〜3人分
落し卵（または、温泉卵）　2〜3個
好みの漬物（写真は赤かぶ漬け／薄切り）　適宜

❶牛肉は、食べやすい大きさに切り、80℃の湯で
ピンク色に変わるまで湯通しし、水気をきる。新
玉ねぎは、縦半分に切り、1cm幅に切る。
❷フライパンに煮汁のみりんと酒を入れ、煮立っ
たら残りの材料を加える。牛肉、しょうが、実山椒
を入れて混ぜ、中火で煮汁をからめる。新玉ね
ぎを加えて混ぜ、水½カップを加え、煮汁が半
量になるまで煮る。
❸器にご飯をよそい、❷をのせて煮汁をかけ、落
し卵と漬物を添える。

牛肉の温しゃぶ
上質な牛肉を選び、火を入れすぎずに

材料(2人前)
牛もも肉(しゃぶしゃぶ用) 150〜200g
春キャベツ(5mm幅の細切り) 100g
グリーンアスパラガス 3〜4本(塩 少々)
ミニトマト 2個、新玉ねぎ ½個
酒 大さじ1、塩 小さじ1
たれ(作りやすい分量)
⎰ 酒、みりん 各大さじ2、だし 1カップ
⎱ うす口しょうゆ 大さじ2、しょうゆ 大さじ1

❶春キャベツは、耐熱容器に入れ、ラップフィル
ムをゆるくかけて電子レンジ(600W)で2分加熱
する。グリーンアスパラガスは、根もとのかたい部
分を落とし、塩を加えた熱湯で40秒ほどゆでて
冷水にとり、4cm長さに切る。ミニトマトは、へたを
取り、皮を湯むきする。新玉ねぎは、薄切りにし、
冷水に5分ほどさらして水気をふく。
❷牛肉は食べやすい大きさに切る。水4カップに
酒と塩を加えて70〜80℃に熱し、牛肉を入れて
ピンク色に変わるまで湯通しし、水気をきる。
❸たれを作る。小鍋に酒とみりんを合わせて煮立
て、残りの材料を加えて沸騰したら火を止める。
❹器に①、②を盛り、あつあつの③を縁から注ぐ。

牛しゃぶの薬味のせ
薬味をたっぷりのせ、ぽん酢でさっぱりと

材料（2人前）
牛もも肉（しゃぶしゃぶ用）160g
酒 大さじ1
みょうが 3個
新しょうが 1かけ
大葉 10枚
白いりごま 小さじ1
ぽん酢 大さじ4〜5

❶鍋にたっぷりの湯を沸かし、あればしょうがの皮、長ねぎの青い部分（共に分量外）を入れて3分ほど煮立て、酒を加えて火を止め、70℃ぐらいになるまでしばらくおく。

❷①に牛肉を3枚ほど広げ入れ、色が変わったら水にとる。残りも同様にゆでて水にとり、水気をふく。

❸みょうがは、薄い輪切りにして冷水でさっと洗い、水気をきる。新しょうがは皮ごとせん切りにする。大葉は縦半分に切り、重ねてせん切りにする。ボウルにすべての薬味を入れ、混ぜ合わせる。

❹器に②を盛り、③をのせ、ぽん酢をかけて白ごまをふる。

牛肉と玉ねぎの中華いため

甘辛い味つけでご飯が進む

材料(2人前)
牛切落し肉　160g(かたくり粉　大さじ1)
玉ねぎ(小)　2個
にんにく　1かけ、赤とうがらし　1本
酒　大さじ1、砂糖　小さじ1
しょうゆ　大さじ1½、こしょう　少々
サラダ油　大さじ1½

❶玉ねぎは、縦半分に切り、芯を取らずに縦5〜6等分のくし形に切る。にんにくは縦半分に切る。
❷牛肉はかたくり粉をまぶす。
❸フライパンにサラダ油大さじ1を熱し、玉ねぎの切り口を下にして入れ、強火で両面を焼きつけ、取り出す。
❹フライパンをさっと洗って水気をふき、残りのサラダ油、にんにくを入れて弱火にかける。香りが立ったら赤とうがらし、②を入れ、ほぐすようにして中火でいため、肉の色が変わったら酒をふる。砂糖、しょうゆ、こしょうを加えていため、③の玉ねぎを戻し入れていため合わせ、器に盛る。

cooking card
魚介、豆腐、卵

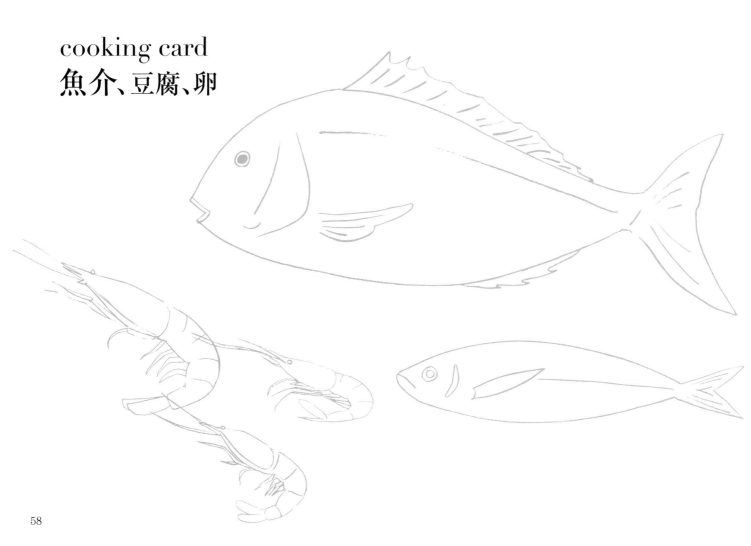

鮭のアーモンド
パン粉焼き
チーズ入りアーモンド衣でボリュームアップ

材料(2人前)
生鮭 2切れ(塩 小さじ⅓、こしょう 適宜)

Ⓐ
- アーモンドスライス(手で握り細かくする)
  30g
- パルミジャーノ・レッジャーノ(すりおろす)
  大さじ1
- パン粉 大さじ1½、ドライタイム 小さじ½

卵 1個、薄力粉 大さじ2
オリーブ油 大さじ2
葉野菜、レモン 各適宜

❶鮭は塩をふる。

❷Ⓐをバットに入れて混ぜ合わせる。別のバット
に卵を割りほぐし、薄力粉を加えて混ぜる。

❸鮭にこしょうをふり、②の卵液を両面にからま
せ、Ⓐのアーモンド衣をまんべんなくまぶす。

❹フライパンにオリーブ油を熱し、③を盛る際に
上になる面から中火で焼く。しばらく動かさず、焼
き色がついたらそっと返し、強めの弱火で中に火
が入るまで3分ほど焼く(鮭から出た水分で油が
パチパチとはねるようになったらOK)。

❺器に葉野菜と④を盛り、レモンを添える。

鮭の黒酢いため
酢豚の鮭バージョン。粉をつけて
揚焼きにするひと手間で鮭がふっくら

材料（4人前）
生鮭　4切れ（塩、こしょう、小麦粉　各適宜）
干ししいたけ　4枚（1カップの水につけ、一晩
　　冷蔵庫でもどす）
玉ねぎ　½個
ピーマン　2個
Ⓐ ┌ 黒酢、しょうゆ、砂糖　各大さじ2
　 │ しいたけのもどし汁　大さじ6
　 └ かたくり粉　小さじ2
油　適宜

❶鮭は、水気をふいて一口大に切り、塩こしょうして小麦粉を全体にまぶす。フライパンに少量の油を熱し、揚焼きにする。
❷干ししいたけは、水気を絞り、半分に切る。玉ねぎはくし形に切る。ピーマンは縦4等分に切る。
❸Ⓐの材料をよく混ぜ合わせる。
❹フライパンに少量の油を熱し、②をいため、少ししんなりしたら①を加える。③を加えて全体をいため合わせ、器に盛る。

鮭のフリット
ヨーグルトソース
卵白を使った衣は、ふわっ、かりっ

材料(4人前)
生鮭(切り身) 3〜4切れ(塩、こしょう 各適宜)

衣
- 卵白 1個分
- 卵黄 1個分
- 小麦粉 大さじ1½
- ベーキングパウダー 小さじ½
- 塩 少々

ヨーグルトソース
- プレーンヨーグルト 大さじ4
- ディル(粗みじん切り) 適宜
- オリーブ油 大さじ1
- 塩 少々

揚げ油

❶鮭は、一口大に切り、塩、こしょうをふる。

❷ボウルに卵白を入れ、角がしっかり立つまで
泡立てる。別のボウルに残りの材料を入れて混
ぜ、卵白のボウルに加えて全体をさっと混ぜる。

❸②に①をくぐらせて衣をたっぷりつけ、180℃
の油でかりっと揚げる。

❹ソースの材料を混ぜ合わせる。③のフリットを
器に盛り、ソースとディル(分量外)を添える。

鮭のエスカベーシュ
酸味をきかせたラビゴット風ソースで

材料（4人前）
生鮭（切り身）　4切れ
（塩、こしょう、小麦粉　各適宜）
玉ねぎ　½個、セロリ（ごく薄切り）　1本分
パセリ（みじん切り）　大さじ2
レモンの皮（ノーワックス／せん切り）　1個分
ラビゴット風ソース（マリネ液）
トマト（湯むきし、種を除き粗みじん切り）　1個分
ケイパー　大さじ2、レモン汁　大さじ3
塩　小さじ⅔、しょうゆ　小さじ2
エキストラバージンオリーブ油　大さじ3
オリーブ油　適宜

❶鮭は、塩、こしょうをふり、小麦粉をまぶす。
❷玉ねぎは、繊維に直角のごく薄切りにし、水にさらす。
❸トマトは、ケイパー、レモン汁と合わせ、塩、しょうゆ、エキストラバージンオリーブ油を加え混ぜる。
❹フライパンにオリーブ油を少し多めに熱し、①を皮目から中火で焼く。皮がぱりっとしたら、返して両面を焼く。
❺バットに水気をきった玉ねぎとセロリを敷き、④を並べて③をかけ、パセリをふって、レモンの皮を散らす。室温で15〜30分マリネして仕上げる。

焼き鮭入り韓国風ご飯
鮭を焼いてから炊き込むことで香ばしく

材料(2人前)
塩鮭 1切れ
米 1½合
昆布(10×4cm) 1枚
Ⓐ
　白ごま 大さじ1
　コチュジャン 大さじ½
　塩 小さじ¼
　糸とうがらし 1g
韓国のり 8枚(3g)

❶塩鮭は魚焼きグリルでこんがりと焼く。

❷米は、洗い、水気をきって鍋に入れ、水1½カップを加えて30分浸水させる。

❸②に昆布と①を入れてふたをし、中火にかける。鍋縁から蒸気が出てグツグツと音がしてきたら弱火にし、11分炊く。火を止め、10分蒸らす。

❹③の昆布と鮭を取り出し、昆布は2cm長さの細切りにする。鮭は骨を取り除き、皮を2cmほどにちぎり、身と切った昆布とともに鍋に戻す。

❺④にⒶを加えて混ぜほぐし、器に盛り、ちぎったのりを添える。

63

さんまのオーブン焼き

味をつけたパン粉をのせてオーブンへ。
すだちでさっぱりいただきます

材料(2人前)
さんま　2尾
すだち　3個
みょうが　2個
Ⓐ { パン粉　大さじ3
オリーブ油　大さじ1
しょうゆ　小さじ1
塩、こしょう　各少々

❶さんまは、頭とわたを取り除いて三枚におろ
し、半分に切る。
❷すだち1個は輪切りにする。残りはしぼる。みょ
うがは、縦半分に切り、せん切りにする。
❸Ⓐを混ぜ合わせる。
❹耐熱容器に①の皮を上にして並べ、塩、こしょ
うをふり、すだちのしぼり汁を全体にふりかける。
③をのせ、輪切りのすだちをのせて、230℃に予
熱したオーブンで15分ほど焼く。
❺仕上げに②のみょうがを散らす。

焼きさんまときのこの
黒酢マリネ
黒酢やしょうがを加えたマリネ液で

材料(4人前)
さんま 3尾
(塩、こしょう 各適宜)
まいたけ(ほぐす) 1パック分(100g)
エリンギ(縦4等分に切る) 1パック分
長ねぎ(4cm長さに切り、斜めに切込み) 1本分
塩 少々、オリーブ油 大さじ1
マリネ液(材料をバットに合わせておく)
〔 だし汁 2カップ
黒酢、みりん 各大さじ2
しょうゆ 大さじ3、酒 大さじ1
しょうが(皮つきの薄切り) 4枚 〕

❶さんまは、頭と内臓を除いて塩水で洗い、3cm
長さの筒状に切る。塩小さじ½をふって10分ほ
どおき、出てきた水気をペーパータオルでふい
て、こしょうをふる。

❷フライパンにオリーブ油を中火で熱し、きのこと
長ねぎを焼く。塩をふって、木べらで押さえながら
両面を1分30秒ずつ焼き、マリネ液に漬ける。

❸続いて①のさんまを中火で焼く。両面を2分
30秒ずつこんがりと焼いたら、②のマリネ液に加
えて漬け、20分ほどおいてなじませる。

さばのハーブマリネ バルサミコソース

ハーブが香るさばに濃厚なソースを

材料（4人前）
さば（三枚におろしたもの）1尾分
エリンギ（石づきを取り、縦4等分に切る）1パック分
ハーブ（タイム、ローズマリーなど）適宜
オリーブ油　大さじ2
バター　大さじ2
白ワイン　大さじ2

Ⓐ { バルサミコ酢　大さじ2
しょうゆ　大さじ1
はちみつ　大さじ½

❶さばは、3cm幅に切ってバットに並べる。オリーブ油をまぶしてハーブを散らし、冷蔵庫で30分ほどおく。

❷フライパンを中火にかけてバター大さじ1を熱し、エリンギをいためて取り出す。フライパンに残りのバターを加えて熱し、さばを皮目から入れて両面をこんがりと焼く。

❸白ワインを加え、続けて混ぜ合わせたⒶを加え、少し煮つめながらソースをさばにからめる。

❹②のエリンギと③を器に盛り、ローズマリー（分量外）を添える。

揚げさばのサラダ 中華ドレッシング

濃厚なドレッシングがさばと野菜をつなぐ

材料(2人前)

さば 三枚におろした半身(塩、こしょう 各少々)

サラダ野菜(写真はリーフレタス、水菜、ルコラ)
　各適宜

中華ドレッシング

- しょうゆ 大さじ6
- 芝麻醤(または、練りごま) 大さじ2
- 砂糖 大さじ1½、酢 大さじ1
- ラー油 小さじ1、ごま油 小さじ½

小麦粉 適宜

揚げ油

❶さばは、骨を抜き、塩こしょうする。揚げる直前
に小麦粉をうっすらとまぶす。

❷サラダ野菜は、洗って水気をきり、食べやすい
大きさにちぎる。

❸ドレッシングの材料を混ぜ合わせる。

❹油を180℃に熱し、①を香ばしく揚げる。

❺器に野菜、大きめにほぐした揚げさばを盛り、
ドレッシングを回しかける。

えびの煮込み麺
香港でおなじみのえび麺を
むきえびを使ってごく簡単に

材料(1～2人前)
中華麺(あれば、えびの卵が練り込まれた
　蝦子麺) 1玉
むきえび 10尾
万能ねぎ(5cm長さに切る) 5～6本分
しょうが(細切り) 1かけ分
Ⓐ ｛ 日本酒　大さじ5
　　 オイスターソース　大さじ1½
　　 しょうゆ　大さじ½
鶏のスープストック 1½カップ
サラダ油 大さじ1

❶鍋にサラダ油を熱し、しょうがを入れ、香りが
立ったらⒶを加える。中火で1～2分煮立て、ア
ルコール分を飛ばしたら鶏のスープストックを加
え、再び煮立ったらえびを加える。えびに火が通
ったら万能ねぎ(飾り用に少しとりおく)を加えて
いったん火を止める。
❷中華麺は、熱湯でかため(七分ほど)にゆで、
ざるに上げて水気をきる。①の鍋に加えて中火
にかけ、1～2分煮込む。
❸②を器に盛り、万能ねぎをのせる。

えびのドライカレー
スパイスをきかせて香りよく仕上げます

材料（4人前）
えび（殻、尾、背わたを除き、粗みじん切り）10尾分
玉ねぎ（みじん切り）1個分（150g）
パプリカ（黄。大／1cm角に切る）½個分（110g）
さやいんげん（1cm角に切る）12本分
キャベツの葉（1cm角に切り、
　　芯はみじん切り）1枚分
カシューナッツ　40g
Ⓐ｛クミンパウダー　大さじ1½
　　コリアンダーパウダー　大さじ1
　　塩　小さじ1弱
エキストラバージンオリーブ油　大さじ2
温かいご飯　適宜、こしょう　適宜

❶カシューナッツは、フライパンに入れてごく弱火
から香りが出るまでゆっくりいり（または、150℃に予熱
したオーブンで10分ほどローストする）、粗く刻む。
❷フライパンにオリーブ油を熱し、玉ねぎとえび
をほぐしながらいためる。えびの色が変わったら
パプリカ、さやいんげん、Ⓐを加えて3〜4分いた
め、さらにキャベツと①のカシューナッツ、こしょう
を加えて3分ほどいため合わせ、味をみて足りな
ければ塩（分量外）、こしょうで調える。
❸器にご飯を盛り、②をのせる。

ぶりの照焼き
ゆずこしょう風味
照焼きのたれにゆずこしょうを加えて

材料（2人前）
ぶり（切り身）2切れ

Ⓐ
- 酒　大さじ2
- みりん　大さじ2
- しょうゆ　大さじ1
- ゆずこしょう　小さじ1

ししとう　4本
ごま油　大さじ1

❶バットにⒶを混ぜ合わせ、ぶりを15〜30分つける。途中で上下を返す。

❷フライパンを中火にかけてごま油を熱し、器に盛った時に上になる面（背が左になる）からふたをして5分焼く。皮の部分をフライパンに押しつけて焼いた後、上下を返し、ふたをしてさらに4〜5分香ばしく焼く。

❸ししとうは、②の上下を返す際に加え、さっと焼く。

❹器にぶりを盛り、ししとうを添える。

ぶりかす汁
心身共に温まる具だくさんの一椀

材料(2人前)
ぶり(皮つき上身) 1切れ(塩 適宜)
大根 50g、にんじん 40g、ごぼう 40g
こんにゃく 60g、里芋 1個
だし 2カップ
酒かす(クリーム状のもの) 90g
白みそ(西京みそ) 100g
塩 適宜
青ねぎ(小口切り) 適宜
一味とうがらし 適宜

❶ぶりは、塩をふって10分ほどおき、一口大に切ってさっと熱湯をかける。水にとり、水気をふく。

❷大根、にんじん、ごぼうは短冊に切る。

❸こんにゃくは、短冊に切り、下ゆでしてざるに上げる。里芋は太めの棒状に切る。

❹鍋にだしを温め、②、③を入れて中火で煮る。野菜に火が通ったら①を加え、酒かすと白みそを溶き入れる。弱火にして10分ほど煮込み、塩で味を調える。

❺器に④を盛り、青ねぎを散らし、一味とうがらしをふる。

たらのチゲ
たらとたらこ、具だくさんの親子鍋

材料(2人前)
生だら 2切れ(酒 大さじ1)
白菜キムチ、あさり(砂抜きしたもの) 各200g
たらこ(小) 1腹
豆もやし、せり 各1袋
絹ごし豆腐 1丁
昆布だし(または、水) 2½カップ、酒 ½カップ
にんにく(みじん切り) 大さじ½
しょうが(みじん切り) 大さじ1
しょうゆ、コチュジャン 各適宜
ごま油 大さじ1

❶キムチは2cm幅に切る。たらこは粗く刻む。
❷たらは、酒をからめて5分ほどおき、さっと水で流して水気をふき、半分に切る。あさりは殻をこすり合わせながら水洗いする。せりは4cm長さに切る。
❸鍋にごま油、にんにく、しょうがを入れて中火にかける。香りが出たらキムチ、たらこを加えてほぐしながらいためる。酒を加えて充分に沸かし、アルコール分が飛んだら、昆布だし、②のあさりを加える。再び沸いたらしょうゆ、コチュジャンで味を調える。
❹③に食べやすい大きさにした豆腐、豆もやしを加え、②のたらをのせ、たらにほぼ火が通るまで加熱する。仕上げにせりを加え、すぐに火を止める。

たらとあさり、
いんげん豆のスープ煮
素材のうまみが重なるスープが絶品

材料（2人前）
生だら 2切れ（塩、こしょう 各少々）
あさり（砂抜きしたもの） 150g
ゆで白いんげん豆 50g
にんにく（みじん切り） 1かけ分
パセリ（みじん切り） 3枝分
オリーブ油 大さじ2

❶たらは塩、こしょうをふる。
❷鍋にオリーブ油、にんにくを入れて弱めの中火にかけ、香りが立ったら①、いんげん豆、水1カップを加え、ふたをして7〜8分煮る。
❸②にあさりとパセリを加え、あさりの殻が開いたら火を止め、器に盛る。

鯛のカルパッチョ
ゆずこしょう風味のドレッシングと
薬味野菜を取り合わせてサラダ仕立てに

材料(4人前)
鯛(さしみ用) 半身
新玉ねぎ、紫玉ねぎ 各½個
貝割れ菜 1パック
レディーサラダ大根(赤大根) 約4cm(または、
　　ラディッシュ 適宜)
赤芽 少々

ド｛エキストラバージンオリーブ油 大さじ3
レ｛ゆずこしょう 小さじ1
ッ｛にんにく(すりおろす) 1かけ分
シ｛しょうゆ 大さじ1
ン｛レモン汁 大さじ1
グ

❶鯛は、皮が残っていたら皮目を上にして湯引きする(または、皮目をバーナーなどで軽く焼く)。
❷玉ねぎは、薄切りにして水にさらす。貝割れ菜は、根もとを落として半分の長さに切る。大根はせん切りにする。
❸①の鯛をそぎ切りにして器に盛り、水気をきった②と赤芽を彩りよくのせて、よく混ぜ合わせたドレッシングをかける。全体をあえていただく。

鯛の包み焼き
マリネした鯛をふっくら蒸焼きに

材料(2人前)
鯛 2切れ(200g)

Ⓐ
- レモン(果肉を取り出し、皮を刻む)
  厚切り1枚分
- ドライトマト(みじん切り) 1〜2個分
- ケイパー 小さじ1、塩 小さじ½弱
- ドライバジル、こしょう 各少々
- オリーブ油 大さじ2

じゃがいも(小) 1個、ペコロス(小玉ねぎ) 2個
ひらたけ ½パック、モロッコいんげん 1〜2本
にんじん、紫にんじん(ピーラーで薄切りにし、
　菱形に切ったもの) 各4〜5枚

❶Ⓐを混ぜ合わせ、鯛の両面にぬり15分おく。
❷じゃがいもは、やわらかくゆで、粗くつぶす。ペ
コロスは3mm厚さの輪切りにする。ひらたけは小
房に分ける。モロッコいんげんは、塩(分量外)
を加えた湯でやわらかくゆで、菱形に切る。
❸鯛1切れに対し、オーブンシートを40cm長さに
切り、半分に折って広げた時にハートの形になる
ように切る。片側に②のじゃがいも半量を敷き、そ
の上に①をのせ、残りの野菜とにんじん、紫にん
じんを半量ずつのせる。反対側のシートをかぶ
せ、縁をしっかりと折り込む。
❹200℃のオーブンで10分焼く。

鯛と豆腐の
中華風蒸し物
紹興酒をふって香りよく蒸し上げます

材料(4人前)
鯛(切り身) 4切れ(塩 小さじ1)
木綿豆腐(大／水きりし、8等分に切る) 1丁分
紹興酒(または、日本酒) 大さじ2
しょうが(せん切り) 適宜
たれ { しょうが 1かけ、長ねぎ 5cm
しょうゆ 大さじ1
だし汁(または、水)、ごま油 各大さじ2
好みの薬味(香菜など／刻む) 適宜

❶鯛は、両面に塩をふって10分ほどおき、表面をさっと水洗いして、水気をぬぐい、半分に切る。
❷たれを作る。しょうが、長ねぎは、みじん切りにし、耐熱のボウルに入れておく。フライパンにごま油を入れて中火にかけ、薄く煙が出るまで加熱して、しょうがと長ねぎにジュッとかけ、全体を混ぜて、だし汁、しょうゆを加え混ぜる。
❸耐熱の器に、豆腐を2枚並べて置き、鯛を1切れ分のせて、しょうがを散らし、紹興酒¼量をかけて、ラップフィルムをかける(残りも同様に作る)。蒸気の上がった強火の蒸し器で10分ほど、鯛に火が通るまで蒸す。
❹③が蒸し上がったら、②をかけ、薬味をのせる。

鯛の頭とうどの煮物

鯛のうまみがうどにしみた絶品の味わい。
甘辛い煮汁でご飯が進みます

材料(4人前)
鯛の頭(半分に割る) 1尾分
鯛のかま 1尾分
山うど 1本
酒 $\frac{1}{2}$ カップ
砂糖 大さじ2
しょうゆ $\frac{1}{2}$ カップ
塩 少々

❶鯛の頭とかまは、ゆでこぼし、うろこや血合いなどを丁寧に洗い流す。
❷山うどは、約7cm長さに切ってから、茎は縦半分に割る。
❸鍋に鯛の頭とかまがかぶるくらいの水を入れ、調味料を加えて火にかける。一煮立ちしたら、①の鯛の頭とかま、②のうどを加え、落しぶたをして中火で約30分煮る。煮上がる直前に味をみて、足りなければしょうゆ、塩、砂糖(すべて分量外)を適宜足して味を調える。

かつおと夏みかんの
ちらしずし
柑橘の香りがかつおと好相性

材料(2人前)
かつお(さしみ用) ½さく
温かいご飯(かために炊いたもの) 1合分
Ⓐ｛しょうゆ 大さじ1
　　みりん(煮きったもの) 大さじ1
　　からし 少々
Ⓑ｛夏みかんの果汁 大さじ1½
　　夏みかんの皮(みじん切り) 少々
　　塩 小さじ⅓
白いりごま 少々
うるい(葉の部分) 4本分
新しょうがの甘酢漬け 適宜

❶かつおは、食べやすい大きさに切り、混ぜ合わせたⒶに10分ほどつける。
❷ご飯に混ぜ合わせたⒷを加え、切るように混ぜ、冷ます。
❸器に②を盛り、①をのせ、白いりごまをふる。うるいをのせ、新しょうがの甘酢漬けを添える。

かつおのたたき サラダ仕立て
フライパンを使って手軽に

材料(4人前)
かつお(さしみ用。さくどりしたもの。皮つきの背側)
　¼尾
(氷 4〜5個、米酢 大さじ2／バットに合わせる)
Ⓐ──バルサミコ酢 大さじ2、しょうゆ 大さじ1
ベビーリーフ 100g、みょうが 2個
しょうが 2かけ、青じそ 8枚
た｛ バルサミコ酢、しょうゆ 各大さじ2
れ｛ しょうが(すりおろす) 小さじ1
エキストラバージンオリーブ油 大さじ1
植物油 適宜

❶フライパンに植物油をひいて強火で熱し、かつおを皮目からジュッと焼きつける。3面を焼きつけたら、皮目を下にして置き、Ⓐを加えて、さらに焼き色をつける。皮が香ばしく焼けたら、氷と米酢のバットに入れて急激に冷まし、ラップフィルムをかけて冷蔵庫で冷やす(30分〜半日が目安)。

❷みょうが、しょうが、青じそは、せん切りにし、ベビーリーフと合わせ、よく混ぜ合わせたたれ半量とオリーブ油を加えてさっくりあえる。

❸①のかつおを食べやすく切り、残りのたれをからめる。器に②とともに盛り合わせる。

79

あじのマリネサラダ
酸味がまろやかなあじのマリネで

材料(4人前)
あじ(さしみ用。中) 2尾(塩 小さじ½)
好みの野菜(写真は紫玉ねぎ ½個、きゅうり
　1本、セロリ 1本／食べやすい大きさに切る)
　┌ 赤ワインビネガー 大さじ2
Ⓐ│ にんにく(薄切り) ½かけ分
　└ オリーブ油 適宜
ディル(ざく切り) 3〜4本分
ドレッシング(材料を混ぜ合わせる)
　┌ オリーブ油 大さじ3、白こしょう 少々
　│ 赤ワインビネガー 大さじ1
　└ 塩 ふたつまみ、きび砂糖 小さじ½
ピンクペッパー(つぶす) 少々

❶あじは三枚におろし、皮をひき骨を取り除く。
両面に塩をふり冷蔵庫で15分おき、水気をふく。
❷バットにⒶの赤ワインビネガー、にんにくを入
れ、①を並べてオリーブ油を回しかけ、冷蔵庫
で1時間おく(途中で上下を返す)。
❸野菜は、冷水でしゃきっとさせ、水気をよくきる。
ボウルに入れ、ドレッシングを加えてあえる。
❹②の水気をふいて斜め薄切りにし、ディルととも
に③に加えて混ぜ合わせ、器に盛り、ピンクペッ
パーを散らす。

あじのハーブチーズ パン粉焼き

マヨネーズをかけて風味よく

材料（4人前）
あじ 3〜4尾
（塩、こしょう 各適宜）

Ⓐ
- パン粉 ½カップ
- タイム（乾燥） 小さじ1
- パセリ（みじん切り） 適宜
- にんにく（みじん切り） 1かけ分
- パルミジャーノ・レッジャーノ（おろす）
  大さじ2〜3

マヨネーズ 大さじ2〜3
プチトマト（へたを除き、半分に切る） 適宜
パセリ 適宜
エキストラバージンオリーブ油 適宜

❶あじは、三枚におろし、塩、こしょうをふる。
❷ボウルにⒶの材料を入れ、混ぜ合わせる。
❸耐熱皿に①のあじを並べ、細く線を描くように
マヨネーズをかけて、②を全体にのせ、オリーブ
油を回しかける。200℃に予熱したオーブンで15
〜20分、表面がこんがり色づくまで焼く。
❹器に③を盛り、プチトマト、パセリを添え、オリ
ーブ油をかける。

あじの南蛮漬け
クミン風味

クミンシード入りの漬け汁でさっぱりと

材料(4人前)
豆あじ 20尾(薄力粉 適宜)
Ⓐ { にんじん(せん切り) ⅔本分(約70g)
玉ねぎ(薄切り) ½個分(約100g)
しょうが(大／せん切り) 1かけ分 }
クミンシード 小さじ1
植物油 大さじ1、揚げ油
Ⓑ { 水 ¼カップ、米酢 ½カップ
しょうゆ 小さじ2 }
香菜 適宜

❶豆あじは、ぜいごとはらわたを除く。ボウルに水を張って、豆あじをやさしく洗い、水気をぬぐう。薄く薄力粉をまぶし、中温の油でからりと揚げる。
❷フライパンに植物油を熱し、クミンシードを加える。ぱちぱちとはじけだしたら、Ⓐを加えていためる。全体に油が回ったらⒷを加え、3分ほど煮る。
❸保存容器に①の豆あじを並べ、②を回しかける(豆あじが2段になる場合は、豆あじの間に②の半量をはさみ、残りを上にのせて汁をかける)。粗熱が取れたら冷蔵庫に入れ、半日以上冷やし味をなじませる。
❹器に③を盛り、ちぎった香菜を添える。

あじのづけ丼

しょうゆとみりんで風味よく。
たっぷりの薬味を添えて

材料（4人前）
ご飯 4膳分
あじ（三枚おろし）3尾分（塩 適宜）
青じそ（手でちぎる）10枚分
みょうが（せん切り）3個分
焼きのり 適宜
白いりごま 適宜
おろしわさび 適宜
つけ汁
　⎰ しょうゆ 大さじ2
　⎱ みりん 大さじ2
　　 しょうがのしぼり汁 大さじ1

❶あじは、両面に塩を薄くふって、冷蔵庫に30分
ほどおき、表面に出た水分をぬぐう。皮をひいて、
中骨を取り除き、1cm弱厚さのそぎ切りにする。
❷つけ汁の材料を合わせ、①のあじを30分ほど
つける。
❸どんぶりにご飯を盛り、②、ちぎったのり、青じそ、
みょうがを順にのせ、白ごまを散らして、わさびを
添える。

83

いわしとごぼうの寄せ揚げ
旬のいわしと、香り高い新ごぼうで

材料(2人前)
いわし 3尾(正味120g)
ごぼう 80g
A
{ 長ねぎ(みじん切り) 大さじ2
しょうが(すりおろす) 小さじ½
酒 大さじ1、みそ 小さじ1、塩 小さじ⅕

かたくり粉 大さじ1
揚げ油
レモン(半月切り) 2切れ

❶いわしは、手開きにして中骨、腹骨、皮を取る。1cm幅に切り、さらに包丁で細かくたたく。
❷ボウルに①を入れ、Ⓐを加えてよく混ぜる。
❸ごぼうは、皮をこそげ、ささがきにして水でさっと洗う。水気をふき、別のボウルに入れてかたくり粉をまぶし、②に加えて手でよく混ぜ合わせる。6等分し、水でぬらした手で握るようにして形作る。
❹油を中温に熱し、③を2〜3個入れて弱めの中火で2分ほど揚げ、最後に高温にして揚げ取り出す。残りも同じように揚げる。
❺④を器に盛り、レモンを添える。

いわしの洋風丼
いわしのにんにく風味焼きをバターライスと

材料(2人前)
いわし 4尾(塩、こしょう 各少々、小麦粉 適宜)
バターライス
{ 温かいご飯 360g
{ バター 大さじ2
にんにく(薄切り) 1かけ分
Ⓐ { パセリ(みじん切り) 大さじ2
{ 赤とうがらし(種を除いて、輪切り) 1本分
白ワイン 大さじ1
塩 小さじ¼、こしょう 少々、レモン汁 大さじ1
オリーブ油 大さじ2

❶いわしは、手開きにして中骨、腹骨を取り、両面に塩、こしょうをする。水気をふき、焼く直前に小麦粉をまぶす。
❷ご飯をボウルに入れ、バターを加えて混ぜる。
❸フライパンにオリーブ油、にんにくを入れて弱火にかけ、香りが立ったらにんにくを取り出す。①を入れ、中火で両面を色よくかりっと焼きつける。
❹③にⒶを加えてさっといため、白ワインをふり、塩、こしょう、レモン汁を加えて一煮する。
❺器に②を盛り、いわしをのせて焼き汁をかけ、③で取り出したにんにくを砕いてふる。

いわしの
ホットポテトサラダ
かりっと焼いたいわしをポテトサラダに

材料(2人前)
いわし 2尾(塩、こしょう 各少々)
じゃがいも 2個
Ⓐ { 酢 小さじ1
　　塩 小さじ¼、こしょう 少々
ゆで卵(半熟) 2個
バジルの葉(ちぎる) 7〜8枚分
Ⓑ { マヨネーズ 大さじ2
　　粒マスタード 大さじ½
　　砂糖 小さじ½
塩、こしょう 各適宜、オリーブ油 適宜

❶じゃがいもは、ラップフィルムに包んで電子レンジ(600Ｗ)で5〜6分加熱し、熱いうちに皮をむきボウルに入れ、粗くつぶし、Ⓐを加えて混ぜる。
❷いわしは、三枚におろし、長さを3〜4等分のそぎ切りにし、塩、こしょうをふる。フライパンにオリーブ油を薄くひいて熱し、いわしの皮目を下にして並べ、強めの中火で両面をさっと焼く。
❸①のボウルに②を入れ、ゆで卵をスプーンで割り入れ、バジルを加えてよく混ぜ合わせたⒷであえる。塩、こしょうで味を調え、器に盛る。

いわしのつみれ
みそマヨネーズ

魚が苦手な子どもでもよく食べる料理

材料(4人前)
いわし(開いて、中骨と皮を取る) 正味300g
じゃがいも 2個、スナップえんどう 4本

Ⓐ
みそ 小さじ1、しょうが(すりおろす) 小さじ2
長ねぎ(みじん切り) ½本分
卵白 1個分、かたくり粉 大さじ1

みそマヨネーズ
卵黄 1個分、白みそ 50g
酒 大さじ2、砂糖 大さじ1、マヨネーズ 50g
塩 少々

❶じゃがいもは、ゆでて皮をむき、一口大に切る。
❷みそマヨネーズを作る。鍋にマヨネーズ以外
の材料を入れてよく混ぜ、弱火にかける。熱くな
ったら火を止め、マヨネーズを加えて混ぜる。
❸いわしはフードプロセッサーに入れて7秒ほど
攪拌し、Ⓐを加えてさらに数秒攪拌する。
❹鍋に湯を沸かして塩を入れ、スナップえんどう
をゆで、取り出す。続けて③をスプーンで丸めな
がら湯に落とし、中に火が通るまでゆでる。
❺器に①、④を盛り合わせ、②をかける。
＊いわしをフードプロセッサーに長時間かけると、熱を
帯びて臭みが出るので注意。

自家製ツナのサラダ
ツナが湯煎で手軽に作れます

材料(3〜4人前)
きはだまぐろ(さく) 150g(塩 小さじ⅓)

Ⓐ { にんにく(薄切り) ½かけ分
    あれば、タイム 3枝
    エキストラバージンオリーブ油 150mℓ

半熟卵、サニーレタス、トマト、ゆでたじゃがいもや
　　スナップえんどう、オリーブなど好みの食材 適宜
フレンチドレッシング

{ 粒マスタード 小さじ⅓
  白ワインビネガー 小さじ1
  エキストラバージンオリーブ油 小さじ2
  塩 ふたつまみ、こしょう 適宜

❶きはだまぐろは、塩をふり、冷蔵庫に入れて10
分おく。水気をふき、2重にしたポリ袋に入れてⒶ
を加え、空気を抜いて袋の口を縛る。
❷深さのある鍋に①と多めの水を入れて火にか
ける。沸騰直前で火を弱め、途中でひっくり返し
ながら15分たったら火を止め、粗熱が取れたら
袋ごと取り出す。食べやすい大きさに切る。
❸ドレッシングを作る。ボウルにオリーブ油以外
の材料を入れ、泡立て器で混ぜながら油を少
しずつ加える。
❹②と半熟卵、野菜を器に盛り、③をかける。

きはだまぐろの竜田揚げ

まぐろにしっかり下味をつけ、
高温の油でからっと揚げるのがこつ

材料(2〜3人前)
きはだまぐろ(さく) 150g
Ⓐ
  しょうが(すりおろす) ½かけ分
  しょうゆ 大さじ1
  酒 大さじ½
  砂糖 小さじ1
かたくり粉 適宜
せん切りキャベツ、レモン 各適宜
揚げ油

❶ボウルにⒶを入れて混ぜ合わせ、つけだれを作る。
❷きはだまぐろは1cm厚さのそぎ切りにする。①に加えてよくからめ、冷蔵庫に入れて30分ほどおく。
❸②の水気をふいてかたくり粉をまぶし、190℃の油で香ばしい色がつくまで揚げる。
❹油をきって器に盛り、せん切りキャベツとレモンを添える。

いかのアヒージョ風
オリーブ油をぐっと控えてヘルシーに

材料(4人前)
いか(胴、足) 2はい分、玉ねぎ(くし形切り) 1個分
じゃがいも(皮をむき、5mm幅の輪切り) 2個分
パプリカ(赤、黄／7mm幅の棒状に切る)
　　各½個分
さやいんげん(3等分に切る) 4本分
Ⓐ { にんにく(みじん切り) 2かけ分
　　赤とうがらし(種を除く) 1本
白ワイン 80mℓ、塩、こしょう 各適宜
ハーブ(エルブ・ド・プロヴァンス) 小さじ½
エキストラバージンオリーブ油 適宜
イタリアンパセリ 適宜、レモン(くし形切り) 1個分

❶いかは、胴を1cm幅の輪切りに、足は2〜3本
ずつに切り分ける。塩、こしょう、ハーブをふる。
❷フライパンにオリーブ油、Ⓐを入れて熱し、①
のいかを加えて中火で軽くいため、白ワインを加
えて一煮立ちさせて、いかをいったん取り出す。
❸②のフライパンに玉ねぎ、じゃがいも、パプリ
カ、水¾カップを入れ、ふたをして弱火で約10
分煮る。取り出しておいたいか、さやいんげんを
加え、さらに2〜3分煮て、オリーブ油¼カップを
加えて軽く加熱する。
❹器に③を盛り、ちぎったイタリアンパセリを飾り、
レモンを添える。

やりいかのフリット

マヨネーズとビール入りの衣で
ふんわり、さくっと軽い仕上りに

材料（2～3人前）
やりいか 2～3はい（小麦粉 適宜）
衣 {
　ビール 1/2カップ
　薄力粉（ふるう）70g
　マヨネーズ 大さじ2
　塩 小さじ1/3
　黒こしょう 適宜
}
揚げ油
レモン（くし形切り）適宜

❶いかは、わたごと足を抜いて胴と足に分け、胴
は薄皮をつけたまま2cm幅の輪切りにし、足は食
べやすく切る。薄く小麦粉をまぶす。
❷衣を作る。ボウルにマヨネーズ、塩、黒こしょう
を入れて混ぜ合わせ、冷えたビールを少しずつ
加えて混ぜる。薄力粉を加えて軽く混ぜる。
❸①のいかを②にくぐらせ、180℃に熱した油で
衣が薄く色づくまで揚げる。
❹器に盛り、レモンを添える。

たこのマリネ

**玉ねぎとセロリ、ケイパー、にんにくで
風味よく仕上げます**

材料(4人前)
たこ(さしみ用) 150g
玉ねぎ ¼個
セロリ ¼本

Ⓐ
- ケイパー(酢漬け) 大さじ1
- にんにく(すりおろす) ¼かけ分
- こしょう 少々
- 塩 小さじ½
- イタリアンパセリ(みじん切り) 大さじ1
- エキストラバージンオリーブ油 大さじ3

❶たこは薄いそぎ切りにする。
❷玉ねぎ、セロリは、みじん切りにする。
❸ボウルに②、Ⓐを入れてよく混ぜ、さらに①を
加えて冷蔵庫で30分ほどおいて味をなじませる。

たことみょうがのあえ物
びっくりするほど簡単で、粋なおつまみ

材料(2人前)
ゆでだこ　100g
みょうが　3個

Ⓐ
- マヨネーズ　大さじ1
- わさび　小さじ½
- しょうゆ　小さじ⅔
- オリーブ油　小さじ1

❶ゆでだこは薄くそぎ切りにする。みょうがは縦半分に切り、斜めのせん切りにする。

❷ボウルにⒶを入れてよく混ぜ合わせ、①を加えてあえ、器に盛る。

93

あさりとにらのリングイネ

にらはさっと火を通して歯触りを残します

材料(4人前)
リングイネ(または、スパゲッティ) 300g
(塩 大さじ1)
あさり(殻つき／よく洗って砂抜きする) 500g
にら 1束
にんにく(薄切り) 1かけ分
アンチョビーフィレ 3枚
赤とうがらし(種を除いて、小口切り) 2本分
白ワイン 大さじ2
塩、こしょう 各少々
オリーブ油 適宜

❶にらは3〜4cm長さに切る。
❷フライパンにオリーブ油、にんにく、アンチョビーフィレ、赤とうがらしを入れて強火にかけ、アンチョビーをくずしながらいためて、水気をきったあさりを加える。あさりの殻が開いたらにらを加え混ぜ、白ワイン、塩、こしょうで味を調えて、火を止める。
❸大鍋に湯を沸かし、塩を加えてリングイネをゆでる。
❹③がゆで上がったら②に加え、全体を温めながらあえる。

ポルトガル風あさりご飯

あさりと野菜のうまみを吸った
ご飯が美味。鍋一つで手軽に作れます

材料（4〜5人前）
米　2カップ
あさり（砂抜きする）　200g
玉ねぎ　½個
ピーマン　2個
にんにく　1かけ
塩　小さじ⅔
オリーブ油　大さじ4

❶玉ねぎ、にんにくは、みじん切りにする。ピーマンは、種を取り、1cm角に切る。
❷厚手の鍋にオリーブ油を熱し、中火で玉ねぎとにんにくをいためる。香りが立ったらピーマンを加えていため、米を加えてさらにいためる。
❸米に油が回ったら、あさりを加えていため合わせる。水2カップを加え、時々混ぜながら5分ほど煮る。塩で味を調え、ふたをして弱火で20〜25分炊く。
❹全体を混ぜて器に盛る。

あさりのバジルいため
あさりとバジル、焦がししょうゆの
香りが食欲をそそります

材料（4人前）
あさり　500g
バジル　1パック
にんにく（つぶす）　1かけ
しょうが（薄切り）　10g
好みで、赤とうがらし　2本
しょうゆ　50〜60mℓ
紹興酒（または、酒）　50mℓ
砂糖　大さじ1
ごま油　大さじ1

❶あさりは砂抜きする。
❷鍋にごま油を熱してにんにく、しょうが、赤とうがらしを入れ、香りが立ったらあさりを加えて強火で1分ほどいためる。
❸しょうゆを鍋肌から回し入れ、紹興酒、砂糖を加え、ふたをして中火で1分ほど蒸し煮にする。
❹あさりの殻が開いたら火を止め、ちぎったバジルを加えて軽く混ぜ、器に盛る。

あさりと菜の花のスープ

コラーゲン豊富な鶏手羽先のスープで。
しょうがたっぷりで体が温まります

材料（4人前）
あさり　300g
菜の花　½束
しょうが（せん切り）　10g
鶏手羽先のスープ（下記参照。市販の
　中華スープでもいい）　4カップ
塩、こしょう　各適宜

❶あさりは砂抜きする。菜の花はさっと塩ゆでする。
❷鍋に鶏手羽先のスープを入れて強火にか
け、沸騰したらあさりとしょうがを加える。あさりの
殻が開いたら菜の花を加え、塩、こしょうで味を
調え、器に盛る。
＊鶏手羽先のスープの作り方（作りやすい分量）　鶏
手羽先10本はさっと水洗いする。鍋に水1.5ℓ、鶏手羽
先、ねぎ10㎝、しょうが10gを入れて強火にかける。沸
騰したらあくを取り、弱火にして1時間30分ほど煮、静
かにこす。
＊スープをとった後の鶏手羽先は、黒酢大さじ2、砂糖
大さじ2、しょうゆ大さじ1を加え、煮つめながらからめる
とおいしい。

かきの和風グラタン
みそやすりごまであえたほうれん草入り

材料（4人前）
かき（加熱用） 300g（小麦粉 適宜）
ほうれん草 1束（塩 適宜）
いりごま（すり鉢でする） 大さじ2
Ⓐ——みそ、酒 各大さじ2、みりん 大さじ1
白ワイン 少々、生クリーム 1カップ、牛乳 ¼カップ
塩、こしょう 各少々
グリュイエールチーズ（すりおろす） 60g
バター 適宜
ゆずの皮（ごく細いせん切り） 適宜

❶ほうれん草は、塩を入れた熱湯でゆでて、冷水にとって水気を絞り、約3cm長さに切る。
❷ごまにⒶを加え混ぜ、①をあえる。
❸かきは、ざるに入れてふり洗いし、水気をしっかりとふいて、小麦粉を全体にたっぷりとまぶす。
❹フライパンにバター大さじ3を温め、③を強火で色づくまで焼く。白ワインをふり入れて、牛乳を加えて煮つめ、最後に生クリームを加えて1〜2分煮つめて、塩、こしょうで味を調える。
❺グラタン皿にバターをぬって、②を敷きつめ、④をソースごと流し入れて、グリュイエールチーズをかける。200℃に温めたオーブンで15分ほど焼き、ゆずの皮を散らす。

かきの紙包み焼き
オイスターソースでうまみアップ

材料（2人前）
かき（大）6個
しめじ 100g
エリンギ 2本
レモン（薄切り）4枚
オイスターソース 大さじ1
バター 20g
こしょう 少々

❶かきは、水洗いして水気をきり、ペーパータオルで軽く押さえる。しめじは、石づきを取ってほぐす。エリンギは、半分の長さに切り、大きめにさく。
❷オーブンシートにかきときのこを半量ずつのせ、オイスターソース、こしょう、バター、レモンも半量ずつ加えて包む。同様にもう一つ包みを作る。
❸200℃のオーブンで10分焼く。

帆立のたたき
プロヴァンス風

白ワインにぴったりのさわやかな一皿。
帆立は火を入れすぎないこと

材料(4人前)
帆立貝柱　10個(塩、こしょう　各少々)
トマト(小)　1個
ケイパー　小さじ2、みょうが　1個
万能ねぎ　1本

Ⓐ
- 白ワインビネガー　小さじ1
- 塩、こしょう　各少々
- オリーブ油　大さじ1
- にんにく(すりおろす)　ごく少々

オリーブ油　少々

❶帆立貝柱は塩、こしょうをふる。フライパンにオリーブ油を熱し、強火で帆立貝柱の両面にさっと焼き色をつける。すばやく取り出して四〜六つ切りにする。

❷トマトは、皮をむき、1cm角に切る。

❸ケイパーとみょうがは粗みじん切り、万能ねぎは小口切りにする。

❹ボウルにⒶの材料を順に入れてよく混ぜ合わせ、③、①の順で加えてあえ、②を加えて混ぜ、器に盛る。

ムール貝の
にんにくバター蒸し

シンプルで飽きのこない味です

材料(2〜3人前)
ムール貝　15個
Ⓐ {
　にんにく(みじん切り)　2かけ分
　エシャロット(みじん切り)　2個分(または、
　　玉ねぎ　1/2個分)
}
赤とうがらし(種を取り除く)　1本
バター　20g、白ワイン　1/4カップ
イタリアンパセリ(みじん切り)　2本分
塩、こしょう　各適宜

❶ムール貝は、貝どうしをこすり合わせて表面の汚れを取り除く。きれいに水洗いし、足糸は引き抜く。

❷鍋にバターを入れて火にかけ、Ⓐ、赤とうがらしを加え、中火でいためる。白ワインを加え、一煮立ちしたら①を加え、ふたをする。5分ほどして貝が開いたら火から下ろす。

❸②の鍋にイタリアンパセリをふり入れ、汁をスプーンですくってムール貝の身にかける。味をみて足りなければ塩、こしょうで調える。ふたをして、そのまま3分ほどおいて余熱で貝の身に完全に火を通し、器に盛る。

101

えびの蒸し豆腐
あつあつでも冷やしてもおいしい

材料(2人前)
木綿豆腐 1丁(350g)
えび 6〜7尾(正味140g)
(塩、かたくり粉 各適宜)
長ねぎ(みじん切り) 5cm分
Ⓐ｛酒、ごま油、かたくり粉 各大さじ1
　しょうゆ、しょうが汁 各小さじ1、だし ¼カップ
青ねぎだれ(材料を混ぜ合わせる)
｛青ねぎ(小口切り) 大さじ3
　しょうゆ、酢、ごま油 各大さじ1

❶豆腐は、横半分に切って厚めのふきんに並べ、何重かにくるみ、重し代りのバットをのせて30分おき水きりする。途中でふきんを替えるといい。
❷えびは、殻をむいて尾と背わたを取り除き、塩とかたくり粉でもみ、水洗いする。水気をよく取り、包丁で粗くたたく。
❸ボウルに①をくずし入れ、②、長ねぎ、Ⓐを加えて混ぜ合わせる。
❹耐熱容器の内側にごま油(分量外)を薄くぬり、③を入れ、ラップフィルムをして蒸気の上がった蒸し器で15分蒸す(電子レンジの場合は600Wで計5分加熱する。途中で取り出し、底から大きく混ぜる)。青ねぎだれをかける。

冷や汁豆腐

かつお節を後から加えることで
香りが立ちます。トマトの酸味をきかせて

材料(4人前)
絹豆腐 1丁(300g。軽く水気をきる)
きゅうり 1本(塩 少々)
みょうが 2個
長ねぎ ½本
トマト 1個
大葉 8枚
白ごま 50g
みそ 60g
かつお節 ひとつかみ
昆布水(3cm角の昆布を水につけて1〜6時間
　おいたもの) 2½カップ

❶きゅうりは、薄い輪切りにし、塩をふって15分お
いて水気を絞る。みょうがは輪切り、長ねぎはみ
じん切りにし、それぞれ水にさらして水気をきる。
❷トマトは1cmの角切りにする。大葉は手でちぎる。
❸白ごまをすり鉢で半ずりにする(すりごまを使っ
てもいい)。みそを混ぜ合わせ、かつお節を加え
てすり混ぜ、昆布水を少しずつ加えて溶き、①を
加える。
❹器に、食べやすい大きさに切った豆腐を入れ
て③をかけ、②をのせる。

103

塩麻婆豆腐
花椒と赤とうがらしであっさりとした辛み

材料(4人前)
木綿豆腐 2丁
セロリ(5mm角に切る) ½本分
豚ひき肉 100g
にんにく、しょうが(共にみじん切り) 各1かけ分
花椒 大さじ1、赤とうがらし 1〜2本
Ⓐ── 酒 ¼カップ、鶏ガラスープ ½カップ
豆乳 ¼カップ、塩 小さじ1
かたくり粉 小さじ1(水小さじ2で溶く)
長ねぎ(みじん切り) 大さじ1
サラダ油 大さじ2、ごま油 少々

❶豆腐は、ペーパータオルに包んで軽く水気を
きり、約3cm角に切る。花椒は細かくつぶして、半
量は仕上げ用にとっておく。
❷フライパンにサラダ油を熱し、しょうが、にんに
く、花椒をいためる。香りが出たら、ちぎった赤とう
がらし、セロリ、豚ひき肉を加え、ひき肉がぱらぱら
にほぐれるまでいためる。
❸②に⒜、豆腐を加えて、大きく混ぜながら2〜
3分煮る。豆乳を加えてフライパンを揺すりながら
2〜3分煮立てて、塩で味を調え、かたくり粉でと
ろみをつける。仕上げにごま油をさっと回しかける。
❹器に③を盛り、長ねぎを散らして、花椒をふる。

くずし豆腐
きくらげのマリネのせ

オイスターソース風味の
中華風きくらげのマリネでさっぱりと

材料（4人前）
木綿豆腐　1丁
きくらげ（乾燥）　20g

マリネ液
- 米酢　大さじ2
- しょうゆ　大さじ1
- オイスターソース　大さじ1
- 砂糖　大さじ½
- ごま油　約大さじ½

白いりごま　大さじ1
あさつき（または、万能ねぎ／小口切り）　適宜

❶きくらげのマリネを作る。きくらげは、たっぷりの水でもどし、数回洗って砂などを取り除く。沸騰した湯で1〜2分ゆがいてざるに上げ、水気をよくきる。石づきを除いて食べやすい大きさに切り、よく混ぜ合わせたマリネ液に漬け、冷蔵庫で3時間以上おく。

❷白いりごまは、からいりして、①に加え混ぜる。

❸器に、水気をきって食べやすくくずした豆腐を盛り、②をのせて、②のマリネ液を適宜かけ、あさつきを散らす。

トマトと絹さや、卵の中華いため

春のかためのトマトがいためるのに最適。
火を通しすぎないようふんわりと仕上げて

材料（4人前）
卵 4〜5個
フルーツトマト 3個
絹さや 50g
しょうが 1かけ
塩 適宜
こしょう 適宜
ごま油 大さじ2

❶卵は、割りほぐし、塩、こしょうで調味する。
❷トマトは、へたを取って、くし形に切る。絹さやは、へたを取り、大きいものは斜めに切る。しょうがはみじん切りにする。
❸フライパンにしょうがとごま油を入れて中火にかけ、香りが立ってきたら、トマト、絹さやを加えて火を強め、さっといためる。①の卵を流し入れ、全体を混ぜながらやわらかめのスクランブルエッグに仕上げる。

えびそぼろあん茶碗蒸し
ぷりっぷりのえびがアクセント

材料（4人前）
卵 3個
Ⓐ——だし汁 2¼カップ、しょうゆ 大さじ½、塩 適宜
えびそぼろあん
  えび（ブラックタイガーなど） 正味80g
  だし汁 ¾カップ
  しょうゆ、みりん 各大さじ½、塩 適宜
  かたくり粉 小さじ1（水 小さじ2）、三つ葉 適宜

❶ボウルに卵を割りほぐし、Ⓐを加えて卵液を
作り、こしておく。耐熱の器に卵液を入れ、アルミ
フォイルをかぶせてふたをする。
❷鍋にペーパータオルを1枚敷いて、①を入れ、
器の高さの約⅔まで水を注いで、火にかける。沸
いたら鍋のふたを少しずらしてのせ、ごく弱火にし
て5〜10分、卵液が固まるまで加熱する（または、
蒸し器で蒸し上げる。器の厚さなどによって加熱時間
が変わるので、途中で確認する）。
❸えびそぼろあんを作る。えびは、背わたを取り、
包丁でミンチ状にたたく。三つ葉は小口切りにす
る。鍋に調味料、だし汁、えびを入れて中火にか
け、えびをほぐしながら加熱し、沸いたらあくを除
いて1分ほど煮る。仕上げに分量の水で溶いた
かたくり粉を加えてとろみをつけ、三つ葉を加え
る。②にかけて仕上げる。

材料別索引
（五十音順）

レシピ掲載の
料理研究家、
料理家のかたがた
（敬称略、五十音順）

相場正一郎「LIFE」
（35ページ）

秋田志保
（66、100ページ）

飯塚宏子
（74、94ページ）

上田淳子
（72、76、106、107ページ）

うすいはなこ
（87、103ページ）

おおつきちひろ
（46、47ページ）

大庭英子
（33、56、57、84、85ページ）

荻野恭子
（カバー、34、73ページ）

河村みち子
（16、18、27、29、38、39、50、51、54、55
ページ）

神崎則子
（22、90ページ）

久保香菜子
（71ページ）

コウ静子
（86ページ）

後藤ウィニー
（7、96、97ページ）

小林武志
（67ページ）

小堀紀代美
（105ページ）

斉田 武「セラフェ」
（14、15ページ）

坂田阿希子
（17、23、37、52、53、62、91、95、98、
104ページ）

サルボ恭子
（59、63、69ページ）

鈴木珠美「ベトナミーズキッチン」
（30、31ページ）

舘野真知子
（8、9、99ページ）

谷 昇「ル・マンジュ・トゥー」
（42ページ）

堤 人美
（65ページ）

長尾智子
（26ページ）

中川たま
（20、21、78ページ）

夏井景子
（88、89、93ページ）

夏目陽子
（80ページ）

鯰江真仁「マサズキッチン」
（12ページ）

野口真紀
（10、11、40、41、43、60、61、81ページ）

パン ウェイ
（48、49ページ）

前沢リカ「七草」
（82、83ページ）

牧田敬子
（24、25、28、32ページ）

松田美智子
（70ページ）

丸山久美
（64、101ページ）

南 俊郎「ミモザ」
（44、45、68ページ）

山内千夏
（19ページ）

山﨑美香「山さき」
（77ページ）

山脇りこ
（13、36、79ページ）

脇 雅世
（75、92ページ）

渡辺麻紀
（102ページ）

すぐ作りたくなる100レシピ

クッキングカード 肉・魚編

文化出版局編

2023年10月28日　第1刷発行

発行者　　清木孝悦

発行所　　学校法人文化学園　文化出版局
　　　　　〒151-8524
　　　　　東京都渋谷区代々木3-22-1
　　　　　電話 03-3299-2479（編集）
　　　　　　　　03-3299-2540（営業）

印刷・製本所　株式会社文化カラー印刷

文化出版局のホームページ https://books.bunka.ac.jp/

本書は雑誌『ミセス』（文化出版局）2014年4月号〜2021年4月号に連載された「クッキングカード」からレシピを厳選し、再編集したものです。レシピの材料、作り方などは掲載当時のままとしています。

撮影　　　　　　　竹内章雄
デザイン、イラスト　松竹暢子
校閲　　　　　　　位田晴日
協力　　　　　　　秋山由佳里、増本幸恵
編集　　　　　　　鈴木百合子（文化出版局）